PETITE CAMPAGNE POLITIQUE

PAR

EDMOND CHAMAILLARD
RÉDACTEUR DE L'AVENIR
Moniteur de Loir-et-Cher.

BLOIS
IMPRIMERIE P. DUFRESNE, RUE PIERRE-DE-BLOIS, 11.
1872

PETITE

CAMPAGNE POLITIQUE

PETITE CAMPAGNE POLITIQUE

PAR

EDMOND CHAMAILLARD

RÉDACTEUR DE L'AVENIR

Moniteur de Loir-et-Cher.

BLOIS

IMPRIMERIE P. DUFRESNE, RUE PIERRE-DE-BLOIS, 14.

1872

UN MOT D'AVERTISSEMENT.

Il n'est pas possible de le nier : M. Thiers sort de la voie qu'il avait juré de suivre et manque à son engagement d'honneur. Le pacte de Bordeaux est bel et bien déchiré ; l'essai loyal de la République en est devenu l'essai déloyal.

M. le Président et son pseudo-ministère ne devaient incliner vers aucun parti. Mais n'ont-ils point violé leur parole ? Car ils penchent du côté de la République, ou plutôt ils y tombent, et ils y tombent si bien, qu'ils sont déjà sur la pente même du Radicalisme.

Or cela, c'est la perte de la France, de notre pauvre France, qui a tant besoin de guérir de toutes ses blessures matérielles et morales.

Pour remédier à un tel état de choses, pour

mettre fin au provisoire qui suspend la vie nationale, on ne peut qu'invoquer, et nous invoquons le principe à la fois le plus sûr et le plus fort : l'Appel au peuple. Ce n'est que de là que viendront le salut, le bien-être et la grandeur.

C'est pour aider — dans la mesure de notre humble pouvoir — à la prompte réalisation de l'Appel au Peuple, que nous publions ceci. Tous ou presque tous les articles (car c'est un choix d'articles) tendent manifestement à ce but ; nous en avons parfois interverti l'ordre des dates, pour leur donner plus de suite et plus de liaison.

S'il y a dans cette publication quelque témérité de notre part, qu'on se souvienne de l'intention, qui est pure et toute patriotique.

Blois, le 1er Juillet 1872.

EDMOND CHAMAILLARD.

GUERRE AVEC LA PRUSSE ET GUERRE CIVILE

EPITRE A MON AMI PAUL M.˙.

Blanzais, le 23 avril 1871.

I

Depuis l'heure lointaine
Où je te vis, cher Paul,
Jusqu'à cette heure pleine
De dégoût et de haine,
Quel mal sur notre sol !

*
* *

Qui m'eût dit, au Collège,
Qu'en notre nation
Que Dieu, dit-on, protège,
Se rûrait... le dirai-je?
Encor l'invasion !

*
* *

Mais l'invasion telle
Qu'on ne la vit jamais :
Implacable, cruelle,
Horrible, criminelle,
Et sans trêve et sans paix...

*
* *

Et c'est la Prusse infâme
Qui nous fait cet affront !
La Prusse qui — sans âme —
Tremblait comme une femme
Devant Napoléon !

. . . .
. . . .

II

C'est à l'heure fatale
Hélas ! de tant d'horreur,
Que contre la rafale
Se raidit, colossale,
La jeunesse de cœur.

*
* *

Oh ! de cette Jeunesse
J'eus en moi le courroux,
France, que ma tendresse

Préfère à la maitresse
Qu'on adore à genoux !

*
* *

Mais ta Jeunesse verte,
A quoi l'employa-t-on ?
A quoi sa vie offerte?
Demande à l'Ane, oui certe!
Qui mena le Lion ! ! !

*
* *

Longtemps, lorsque j'y pense,
Je fronce le sourcil...
Quoi! pour ma chère France
Quelle fut ma vengeance?
Deux seuls coups de fusil?

*
* *

Et pourtant pour sa haine
Il fallait à mon cœur
Sept combats par semaine,
Moi qui de capitaine
Fus simple franc-tireur ! (1)

*
* *

(1) Je donnai ma démission de capitaine des mobilisés pour pouvoir combattre au plus tôt dans le corps des francs-tireurs de la Vienne, mais on ne fit rien, ou presque rien.

Cette ardente colère,
Cette rage au vif bond,
Qui me brûlent l'artère,
Tôt ou tard, je l'espère,
Elles éclateront !

III

Mais bien avant ce terme,
Afin de tout unir,
Que l'ordre saint regerme
Et s'établisse ferme
Sans fin dans l'avenir !

IV

L'ordre ! la paix ! Parole,
Rêve que tout cela !
Toujours on les immole :
La gent républicole,
N'est-elle donc point là ?

*
* *

Elle est là qui se dresse
Menaçante à son tour,
Lorsque l'ennemi cesse

La vengeance traîtresse
De son cœur de vautour.

*
* *

Ecoute : en la grand'ville
N'entends-tu pas gronder
Cette guerre civile ?
Vois-tu la tourbe vile
De sang pur s'inonder ?

*
* *

A nous serrer la gorge
Bismarck mit trop peu d'art...
Eh bien ! dans toute forge,
Pour que l'on s'entr'égorge,
Qu'on trempe le poignard !

*
* *

Sus, citoyens, en guerre !
Voilà l'heure ou jamais
D'achever votre mère !
Sus, frère contre frère,
Français contre Français !

V

O mon cher Paul, je pleure
En t'écrivant ceci :

Tant de forfait m'écœure
Et m'emplit, à cette heure,
Du plus sombre souci...

VI

Quand donc de toute émeute
Domptera-t-on les flots?
Quand crèvera la meute
Qu'à Paris on ameute,
Elle et tous ses complots?

*
* *

Puis, de la paix sereine
Quand donc luira le jour?
Qu'elle domine en reine!
Qu'elle soit la Sirène
Qui nous charme d'amour!

*
* *

Oh! il est si suave
De se donner la main!
Nul ne se voit esclave,
Nul ne sent plus d'entrave
Au pied, au bras, au sein...

*
* *

Lors fleurit toute chose :
Au verdoyant jardin
La tendre et douce rose,
Au cœur la joie éclose
Au souffle du matin.

VII

Voyez ! Tout nous appelle
A la Fraternité ;
Français, plus de querelle :
Unissons-nous sous l'aile —
Tous, — de l'Autorité ! (1)
. . . .
. . . .
. . . .
. . . .

(1) Oui, de l'Autorité, de l'Autorité seule juste et vraie, c'est-à-dire de l'Autorité issue du Peuple.

TELLE MORALITÉ DU GOUVERNEMENT

TELLE MORALITÉ DU PAYS.

Blois, le 1er mai 1872.

Quelle singulière époque est la nôtre ! On dirait vraiment, à voir ce qui se passe, qu'il n'y a plus guère d'estime ou tout au moins de sympathie que pour les faiseurs d'insultes, de calomnies et de crimes. Et cependant je ne sais s'il fut jamais un temps où la conscience publique dût avoir — autant qu'aujourd'hui — besoin de toute sa netteté, besoin de toute son énergie ?

Voyez Nîmes : d'abord calme et silencieuse, cette ville montre une louable dignité lors de l'inhumation de Rossel ; mais elle ne fait là que se réserver, car sur la fosse toute fraîche de ce chef de la Commune ne tardent pas à éclater des cris de coupable regret ou de vengeance et à s'entasser les fleurs réservées à la tombe seule des héros. Voyez Marseille : l'élite de ses habitants, son Conseil municipal ne craint pas de donner un éclatant témoignage de sympathie à la mémoire de Gaston Crémieux : il vote une bourse à son fils, et — ce qui met le comble à cette monstruosité — il vote cette bourse quand il sait que les ressources abondent dans la famille du condamné. Voyez encore Lyon : son maire, le fameux Hénon, meurt, et aussitôt, pour le remplacer, le Conseil municipal propose au choix du gouvernement trois de ses meilleurs radicaux, entre autres le citoyen Barodet, membre du ci-devant Comité de la rue Grôlée et — naguère — actif organisateur de la grotesque et dégoûtante fête des Écoles. Enfin voyez Paris : il n'a rien de plus pressé que d'élire, au lieu et place du banqueroutier Mottu, ce Charles-Thomas Floquet, avocasson de la pire espèce, intrigant de première force, insulteur stupide de l'un des augustes hôtes de la France à l'Exposition de 1867. Dois-je, ces quatre villes citées, nommer encore Toulouse, où fleurit l'*Emancipation* avec toute sa séquelle, Limoges, ce petit nid de communards, et tant d'autres villes captées par les doctrines fatales des hommes du 4 Septembre, corrompues par les abjects principes de la Commune, travaillées par les manœuvres et machinations de l'Internationale.

Ainsi l'attrait, faut-il dire l'engouement ? pour la Commune et Messieurs les Communards ne se cache plus et tend même de jour en jour à devenir général, universel. J'ai honte de l'avouër, cet ignoble penchant est en train de passer mode. Il suffit d'être communard, demi-communard ou républicain d'une certaine espèce pour pouvoir siéger soit au Conseil municipal ou général, soit à l'Assemblée nationale.

N'a-t-on pas vu un M. Vautrain rejoindre à cette Assemblée, d'où ils lui tendaient les bras, ses frères en Commune, ses confrères en nullité ? Le sieur Ranc ne croyait-il point avoir des titres à la députation, ne le croit-il déjà plus ? Et Victor Hugo, qui est toujours enfant (sublime) en dépit de ses 71 ans, ne se fie-t-il pas au prestige de son fameux képi, à l'influence de ses sonores et vides idées de républicanisme, à l'éclat de sa tendre humanité envers les fuyards de la Commune, pour venir, lui aussi, combattre au sein de la Chambre en faveur de cette République rouge qu'il repoussait si bien en 48 ? Ils iront, n'ayez peur, ils iront tôt ou tard, et un beau jour vous les entendrez faire chorus avec le très-digne, très-bon et très-doux M. Ordinaire. Quelle doit être l'impatience de Courbet de ne pouvoir se mettre sur les rangs ! Il peut bien attendre un peu... n'a-t-il point tous les jours, quand il passe sur la place Vendôme, l'immense bonheur de voir abattu par lui du haut de sa glorieuse colonne le grand vainqueur de la Prusse ?

Voilà pourtant où nous en sommes ! Voilà l'avilissement où nous sommes descendus ou prêts à descendre ! Prenons garde : c'est presque la décadence. Souvenons-nous bien que le signe infaillible par lequel on juge qu'un peuple tombe, c'est le relâchement dans sa morale, la mollesse dans sa conscience. Il faut croire que nos pas soient rapides dans cette voie-là, pour que M. de Bismarck lui-même — ô cruelle injure ! — ait pu se croire autorisé à dire publiquement que le sentiment du droit et du juste est éteint en France.

Non, non, il n'est pas encore éteint, Dieu merci ! il vacille tout au plus... et s'il vacille, c'est grâce surtout à ce bon gouvernement provisoire qui a nom Thiers.

Quel gouvernement est-ce donc, celui qui est tout dans un vieillard de 76 ans qui fut, est et sera toujours sans couleur et sans affection politiques ? Quelles garanties de moralité, je vous le demande, peut offrir cette espèce de gouvernement ? Jugez. Il accuse l'Empire d'avoir jeté partout la corruption, d'avoir altéré la morale publique, d'avoir perverti la nation tout entière... Eh ! que fait-il donc, lui ? Il ne fait bien qu'une chose, c'est précisément de troubler le sens moral du pays. Il imite donc, pour ainsi dire, l'écolier qui, pris en faute, en met toute la responsabilité sur son camarade et voisin, lorsqu'il devrait — en bonne justice — s'en charger lui-même d'au moins la moitié. C'est là un vieux tour connu, troué comme la cape de César de Bazan : on y voit sans peine au travers toutes les misères qu'il ne peut dissimuler.

En effet, n'est-ce pas lui qui a laissé s'échapper hors des mains de la justice les principaux chefs de la Commune ? N'est-ce pas lui qui, par la plus coupable des longanimités, a poussé en quelque sorte le public à s'apitoyer sur le sort de ces misérables Communeux des pontons pour qu'on demandât une amnistie dont il sentait peut-être le besoin... et pour cause ? N'est-ce pas lui qui, malgré tout et tous, n'a point voulu poursuivre ce Ranc déjà nommé ? N'est-ce pas lui qui laisse se glisser jusqu'en son sein les Quatre-Septembriseurs qui ne sont que des demi-communards? N'est-ce pas lui qui combat, qui poursuit à outrance, à cause de leur bonapartisme, des hommes à la fois honorables et capables ? N'est-ce pas lui, par contre, qui favorise et caresse des individus d'une honorabilité douteuse et d'une notoire incapacité ? N'est-ce pas lui qui arrache sa démission à M. Pouyer-Quertier, financier autrement capable que M. de Goulard, dit l'homme à tout faire, et pourquoi ? Parce qu'il ne devait pas dire la vérité, agir selon la justice, suivre les inspirations de sa droite et loyale conscience ! N'est-ce pas lui qui, par un acte d'arbitraire odieux, tient dix mois sous les verrous M. Janvier de la Motte, que le Jury déclare innocent ? Lui qui, n'osant désavouer de lui-même le maire du Hâvre — ce qui était son devoir — ne l'a fait que par force et par contrainte ? Lui qui menace ou supprime les journaux défenseurs de l'ordre comme le *Gaulois*, l'*Armée*, l'*Etoile*, et laisse s'épanouir dans l'ordure ou le pétrole ce qu'on appelle le *Radical*, le *Rappel*, etc...? Lui qui est si vigilant, si clairvoyant, qu'il ne s'aperçoit qu'après coup du vol de six canons — une bagatelle sans doute ! — au fort de Vincennes ? Lui encore qui, sur le désir de Messieurs les Conseillers municipaux de Lyon, accorde bien vite l'écharpe de maire à ce si bon et si brave citoyen Barodet? Lui toujours qui prète la main à messire Gambetta, afin que messire Gambetta lui prète sa propre main?

Tous ces faits sont évidents : ils ont éclaté ou éclatent aux yeux de tous. Ils doivent nécessairement faire impression sur l'esprit du gros du peuple qui, en général, s'inspire presque toujours de l'esprit même du gouvernement — surtout dans des temps troublés comme le nôtre.

Eh bien ! comment voulez-vous qu'à la vue de ces faits ou plutôt de ces méfaits, et après les rudes commotions déjà subies, ce peuple ne vienne pas jusqu'à douter de sa propre conscience, jusqu'à hésiter entre le bien et le mal? C'est vous qui lui enseignez cela : il suit votre exemple.

Il faut néanmoins, il faut — même malgré vous — que le bien se fasse en notre pays, que le juste y triomphe, que l'ordre s'y rétablisse ; c'est à cette renaissance de l'ordre et du sentiment de l'ordre, du juste et du sentiment du juste, du droit et du sentiment du droit qu'est attaché la vie, l'honneur de la patrie. Or le sentiment du droit et du juste, et avec lui l'honneur de la patrie, ne brillera que lorsqu'il y aura enfin plus d'activité dans les gens de bien et plus d'union parmi eux :

oui, il brillera, lorsque le patriotisme revivra plus pur au fond des cœurs; il brillera, lorsque la France aura un gouvernement qui n'empruntera ses éléments qu'aux bons partis, qui fera respecter toujours et partout la justice, qui maintiendra l'ordre et obtiendra l'estime et le concours de tous les honnêtes gens; il brillera, enfin, lorsque viendra un gouvernement définitif, qui seul peut réaliser tous ces vœux!

LES MANÉGES

D'UN GRAND CIRQUE.

Blois, le 5 mai 1872.

Pauvre Paris ! Quel doit être ton regret de n'être plus la vraie capitale de la France ! ton dépit, de voir ta rivale s'étaler, toute fière et toute vaine, seulement à quelques pas de toi ! ta colère, de penser que ta rivale, c'est Versailles ! Versailles, la toute petite villette que tu as vue naître, un beau matin, il y a deux cents ans à peine, lorsque près de vingt siècles avaient consacré ta couronne !

On t'a dépouillé de ton auréole, on a terni tes splendeurs, on a détruit tes charmes. Tu n'as plus rien qui attire et qui séduise, comme autrefois... Tu as bien encore quelques théâtres qui vont tant bien que mal, quelques concerts assez jolis, quelques bals assez huppés, mais voilà tout. Ah ! pardon, mille fois pardon, j'oubliais le cirque Dejean, où voltigea si bien Péreira l'espagnole, où manœuvrait dans les airs un hardi vélocipédiste, où travaillent aujourd'hui de beaux chiens savants.

Mais qu'est-ce que tout cela en comparaison de ce que possède Versailles? C'est là, vraiment, qu'il y a le théâtre, le concert, le bal qui enfoncent tous les bals, concerts et théâtres de Paris. Qu'est-ce même que ce fameux cirque Dejean au près du grand et merveilleux cirque de Versailles?...

Qui donc ne connaît le cirque de Versailles? Qui donc aussi n'en connaît le brillant personnel? Le Directeur est réputé dans les Deux-Mondes: c'est M. le Président de la République française; les écuyers ont de l'éclat: ce sont Messieurs les Ministres et quelques autres heureux privilégiés.

Le Directeur a parfois beaucoup de peine, car les sujets du cirque ne se laissent pas toujours facilement manier; mais il a autour de lui des écuyers et des sous-écuyers si dociles à ses ordres, si soumis à son commandement, qu'il parvient tôt ou tard à ses fins, grâce à leur dévoué concours.

N'y a-t-il, par hasard, rien à mettre en scène? Faut-il amuser les spectateurs? L'habile directeur fait un seul signe à Troncin Dumersan, et le sous-écuyer ne trouve rien de mieux à jeter en pâture à la curiosité du public qu'un chien savant, plus savant que tous les chiens réunis du cirque Dejean, l'immortel Kiki. Lui prend-il envie d'émouvoir un peu le monde ? Il souffle à l'oreille d'Hugelman, et le groom fait publier à son de trompe que son maître a daigné goûter à un perdreau truffé. S'il veut glisser à quelqu'un quelques mots... qu'il n'ose dire au vu et au su de tous, vite il lui dépêche son grand épistolier Saint-Hilaire.

Mais ce qu'il faut voir avant tout et par dessus tout, c'est la manœuvre qu'exécutent — sous ses ordres — ses propres écuyers, car s'il fait manier les autres par eux, il les manie lui-même à leur tour : admirez comme il les lance et les arrête, les pousse et les retient ! comme il leur commande des tours, retours et détours ! comme il les prépare aux bonds et aux sauts... même périlleux ! Et tous font ces exercices avec une docilité surprenante... empruntée, ce semble, aux coursiers le mieux dressés. Le maître dit : « donnez votre démission, » et ils la donnent ; puis : « reprenez-là, » et ils la reprennent. Qu'il dise à Lefranc : « défendez ceci, » et aussitôt Lefranc, avec son honnêteté ordinaire, défend ceci ; à Simon : « soutenez cela, » et souple comme un roseau, Simon va soutenir cela ; à Larcy : « restez-là, » et Larcy, plus doux qu'un agneau, reste là ; à Goulard : « changez de portefeuille, » et Goulard, que lui importe ! change de portefeuille ; à Dufaure : « éreintez-moi, mon vieil ami, un peu la droite et quelque peu la gauche, » et Dufaure, qui ne demande — en grincheux qu'il est — qu'à exhaler sa bile et sa malice, éreinte quelque peu la gauche et un peu la droite.

Mais tous ces écuyers-là sont pour le service ordinaire, pour le service en quelque sorte intérieur. Il est un écuyer à part, au-dessus des autres ; on le réserve aux jours de fêtes : c'est lui qui fait la haute manœuvre, c'est lui qui est de parade et de montre. Qui sait s'il ne deviendra pas directeur à son tour, s'il n'est point déjà sous-directeur ? Vous l'avez nommé : Gambetta !

Le directeur de notre Cirque n'a pas seulement des écuyers sous ses ordres, il a encore bon nombre de clowns. Ainsi, il dresse le *Bien Public*, le *National*, le *Siècle*, à combattre et à dénigrer tel ou tel ambassadeur, tel ou tel préfet, tel ou tel ministre, dont il ne veut plus et à qui — par pudeur — il n'ose demander la démission, et cet ambassadeur, ce préfet, ce ministre est bien forcé tôt ou tard à la lui envoyer ; il leur suggère de trouver, d'avancer quelques faits qui montrent qu'on approuve sa République, et ils inventent les Adresses de 38 conseils généraux, lorsque ce sont 38 lambeaux de ces conseils qui ont rédigé ces adressses par flatterie ou par aveugle sentiment ; il trouve dans son espèce de parti républicain si peu d'hommes de valeur et de capacité pour les envoyer nous représenter en Grèce, en Hollande, en Amérique, qu'il fait sonner par ses fidèles organes la fanfare de la réclame, et il n'y a que les Ferry, les Guyot-Montpayroux et consorts qui répondent à cet appel désespéré.

On le voit, les écuyers, sous-écuyers et clowns manœuvrent souvent et bien ; il y a pourtant des cas où le Directeur travaille lui-même et donne de sa personne : c'est lorsqu'il faut se concilier l'appui, emporter les suffrages et soulever les bravos de l'Assemblée. Alors il fait beau voir l'habile directeur, comme le disait je ne sais quel journaliste, se tenir en équilibre, un pied sur la droite et l'autre sur la gauche, les rênes entre ses mains triomphantes, tirant tantôt d'un côté, tantôt de l'autre !

Quand Il fait de l'œil à la gauche,
La droite, folle, suit ses pas ;
Quand vers la droite il se débauche,
La gauche vers lui tend les bras.

Tantôt de feu, tantôt de glace,
L'un après l'autre il les enlace.....

(A. MILLAUD.)

Voilà la République et la politique de la République ! C'est une République d'équilibre, et de quel équilibre ! C'est une politique d'expédients, de subterfuges, de petits moyens !

Qu'on laisse donc de côté toutes ces bagatelles, toutes ces niaiseries ; qu'on songe enfin aux choses sérieuses. Il en est temps. Au lieu de faire payer par un chien — si haut placé qu'il soit — quelques misérables sous, tâchez d'organiser un emprunt qui nous débarrasse des Prussiens, qui nous mette chez nous, qui nous rende notre liberté d'allures et de mouvements ; et au lieu de dresser votre *Kiki* à des exercices qui nous importent peu, dressez au plus tôt la populace communarde à la soumission aux lois et à la justice, redressez les intrus du 4 septembre. Rassurez ainsi, protégez les gens honorables, mais timides, contre de criminelles entreprises ; faites qu'ils n'aillent pas — comme à Lyon — marchander jusqu'à leur existence à ces prétendants d'une autre espèce, les pétroleurs de l'avenir. Sinon, les honnêtes citoyens, si justement désireux de sauvegarder leurs intérêts, sauront bien un jour s'assurer eux-mêmes contre toute menaçante éventualité : l'excellent moyen de s'assurer, dont ils se serviront alors, ce sera de rejeter la République, cette odieuse forme de gouvernement qui ne favorise que les saltimbanques, les clowns et les écuyers.

LE PATRIOTISME

DE QUELQUES RÉPUBLICAINS.

Blois, le 14 mai (?) 1872.

Vous souvenez-vous de la séance de l'Assemblée nationale si tristement illustrée par le mot sanglant que M. Ordinaire osa jeter aux membres de la Commission des Grâces ? Il n'eut point alors le courage — ce n'était pour lui rien moins que du courage — de se refuser le plaisir, le bonheur d'appeler *assassins* ses honorables collègues... Depuis ce temps, le calme est-il rentré dans l'esprit de M. Ordinaire? Le remords a-t-il un peu adouci ses implacables sentiments? Il me plaisait de le croire, je le supposais, car je suis en toutes choses, et surtout en matière de morale, quelque peu optimiste. Mal m'en a pris : M. Ordinaire est décidément incorrigible.

Ne vient-il pas, en effet, dans une conférence faite par lui, à Lyon, de s'écrier avec furie :

« Si par malheur ces *misérables* (il s'agit des monarchistes) cherchaient à renverser *notre République*, vous me verriez, citoyens, à votre tête ; et alors, nous nous défendrions par *tous les moyens* que la science met à notre disposition... »

Et d'abord ne trouvez-vous pas comme ce mot « *misérables* » fait un digne pendant au mot « *assassins* » ? Puis remarquez que M. Ordinaire veut bien se mettre à la tête des citoyens, mais il ne saurait — en dépit de son nom — s'abaisser à combattre pour *sa République* comme un citoyen *ordinaire*, comme un simple fusilier.

Mais tout cela n'est que de la vétille en face de la solennelle déclaration de se défendre par tous les moyens dont dispose la science...? Ah! cela par exemple est trop fort ! Qu'entend-il par là ? De quelle science veut-il parler ? Est-ce de la science qui persuade, qui instruit, qui aide à faire éclore chez les autres et à développer les pensées, les croyances ou les convictions ? ou de la science qui fait les canons Krupp, découvre les fusils à longue portée, invente tous les moyens de destruction, la dynamite, la nitro-glycérine, le pétrole, etc... ?

Certes, à voir le caractère de M. Ordinaire, sa violence, ses emportements, on doit admettre que ce n'est que de cette dernière science dont il entend parler...

Combien y a-t-il de Républicains de la trempe de M. Ordinaire! Et pas plus loin qu'à Lyon, où ces horribles paroles ont été débitées avec colère et fracas. Oui, combien y en a-t-il qui considèrent la République comme une chose à eux, comme un patrimoine qu'il leur faut conquérir ou garder, comme l'objet le plus auguste et le plus sacré de l'univers ! Ils veulent la République, rien que la République, à tout prix la République.

A ce propos, il me revient à l'esprit un curieux souvenir. Un corps de francs-tireurs — dont je faisais partie — allait quitter l'un des principaux chefs-lieux de la province. Avant leur départ, le préfet, un ex-professeur de rhéthorique, daigna leur adresser le plus pompeux de ses discours devant une foule immense qui les accompagnait. Les acclamations n'attendaient pas les acclamations. Tous, ou presque tous, par conviction ou par entraînement, criaient : « Vive la République! » Quant à moi, que cet enthousiasme laissait froid, je me hasardai à crier seulement : « Vive la France ! » Ce cri parut suspect à quelques-uns : ils me regardèrent d'un mauvais œil, *torvà tuentes;*

je me remis alors à crier : « Vive la France ! » Eux s'avancent vers moi : — « Eh! pourquoi donc, me disent-ils, ne criez-vous pas : « Vive la République ! » Je leur réponds qu'il me plaît de crier : « Vive la France ! » que ce cri convient à tout le monde, que c'est le seul vrai, le seul grand, qu'il comprend tout en lui... même leur République. Ils voulurent murmurer encore : sur ce, je leur tournai le dos, et c'est ce que j'avais de mieux à faire.

Que de gens qui — comme eux — crient : « Vive la République ? » et ne voudraient pas seulement crier : « Vive la France !... »

Je ne parle point ici, bien entendu, de ceux qui crient : « Vive la République ! » sans savoir ce qu'ils crient par là ; de ces badauds qui, entendant acclamer la République, l'acclament tout comme des perroquets. Ce mot de République leur emplit tellement la bouche et l'esprit, qu'il est impossible de leur faire comprendre ou avaler autre chose. Ils le crient uniquement parce qu'il leur paraît plus beau, plus sonore, plus retentissant que n'importe quel autre cri... Ceux-là ne savent ce qu'ils font : la patrie leur pardonne.

Mais quant aux autres, ils comprennent la valeur de leurs paroles et de leurs actes, et s'ils crient : « Vive la République! » à l'exclusion du cri de : « Vive la France ! », c'est que — réflexion faite, froidement — ils préfèrent leur République à leur patrie. Tel est M. Ordinaire, tels sont les radicaux et les adeptes de la Commune.

Du reste, on peut généraliser cette observation : on peut dire — sans crainte d'errer — que ce qui sépare nettement, ce qui distingue essentiellement le Républicain du Monarchiste, c'est que l'amour du Républicain pour la République empiète toujours un peu sur son amour pour la patrie ; tandis que jamais l'amour du Monarchiste pour la Monarchie n'a empiété en quoi que ce soit sur l'amour de la patrie. Je ne fais d'exception que pour les Républicains du caractère de M. Grévy, qui n'hésiteraient pas, je le crois, à acclamer la France de préférence à la République — et cela parce qu'ils sont loyaux, justes et sincères. Mais cette exception confirme la règle et la rend plus évidente.

Bien des faits de notre histoire contemporaine viennent à l'appui de cette règle, de ce principe que j'établis. N'a-t-on pas vu, pendant la guerre avec la Prusse, n'a-t-on pas vu d'innombrables Républicains défendre la République plutôt que la patrie? A-t-on vu, au contraire, un seul Monarchiste — à quelque Monarchie qu'il fût attaché — sacrifier à la Monarchie de son choix la France elle-même ?

Voilà, je le répète, ce qui distinguera toujours et parfaitement le Républicain du Monarchiste et le Monarchiste du Républicain. Le Républicain veut avant tout la République : aussi la veut-il voir triompher *per fas et nefas*, au détriment — s'il le faut — des lois, du droit et de la justice. Le Monarchiste veut avant tout l'ordre : c'est pourquoi il veut la Monarchie, mais il ne la veut que par les moyens légaux.

Suivant la tradition républicaine, les Républicains de nos jours ont pêché leur République en eau trouble, mais que leur importe ! ils n'en veulent pas moins la conserver, et ils lui font bonne garde...

Ces Républicains, on les nommait autrefois les Irréconciliables de l'Empire. En ce temps-là, comme aujourd'hui, à la France et aux intérêts de la France ils préféraient la République et leur propres intérêts. Pourquoi, en effet, étaient-ils irréconciliables ? à cause sans doute du fameux coup d'État du 2 Décembre qui les avait balayés, eux ou leurs prédécesseurs. Mais voyez leur logique, que dis-je, leur logique ! le fond même de leur âme : c'est un coup d'État — légitime peut-être et certainement nécessaire — qui les avait rendus Irréconciliables, et c'est précisément un autre coup d'État — parfaitement illégitime, celui-là, et criminellement exécuté devant l'ennemi — qui les a réconciliés avec le pouvoir. Il est vrai que ce sont eux qui ont accompli cette fois le coup d'État et qui ont eu le pouvoir ! Tout s'explique et on comprend tout. Donc avant tout et pardessus tout leur intérêt, puis l'intérêt de leur parti ! C'est net et clair, c'est incontestable.

Grâce à Dieu, ils n'ont pu — du moins pas tous — retenir ce pouvoir entre leurs mains. Mais n'ont-ils point, hélas ! la satisfaction de voir se maintenir par la loi... jusqu'à nouvel ordre, ce qu'ils ont établi par surprise, par guet-apens, la République de leurs rêves. Qui sait s'ils ne la défendraient pas au besoin, comme le ferait M. Ordinaire lui-même, par tous les moyens de la science... que l'on sait ?

Que Dieu nous préserve d'un tel avenir !

LE GÉNÉRAL CHANZY

ET LA POLITIQUE

Blois, le 18 mai (?) 1872.

Le général n'existe plus en M. Chanzy : il vient de naître à la place un homme politique.

Je dois dire vrai, car on ne peut devenir à la fois et homme d'état et général... à moins d'être un César ou un Napoléon. S'il est, en effet, quelque chose qui absorbe tout entier celui qui s'y livre et détruise sa personnalité première, c'est bien la politique. De récents exemples le confirment d'une manière éclatante : n'est-ce pas elle qui a dévoré sous nos yeux les généraux Faidherbe et Trochu, dont l'un cherche maintenant à faire oublier par un long silence l'éclat de ses professions de foi ultrà-républicaines, et l'autre ne va guère tarder — selon une promesse solennelle qui équivaut à un serment — à s'ensevelir dans la plus profonde obscurité ?

Qui pourrait affirmer qu'elle ne commence à dévorer, qu'elle ne dévorera point le général Chanzy ?

D'ailleurs tous ou presque tous nos généraux se sont laissés plus ou moins séduire par les attraits de cette puissante sirène ; et presque tous aussi ont perdu — rien qu'à son toucher — leur éclat, leur prestige, leur dignité... pour ne pas dire plus. Parmi nos grands chefs militaires, il n'y a que le maréchal Mac-Mahon qui ait su et pu conserver dans toute sa fleur sa réputation d'entier dévouement aux devoirs du soldat ; il se dérobe aux poursuites des partis pour se donner, corps et âme, à la France seule. La France le sait : c'est sur lui qu'elle jeta les yeux, quand il fallut réprimer l'émeute ; c'est sur lui qu'elle les jettera encore, quand il faudra — ce qu'à Dieu ne plaise ! — parer à quelque autre grave danger. Peut-être le général Chanzy désire-t-il être son rival... S'il ne le désire pas, d'autres le désirent pour lui et pour eux. Mais il ne saurait y parvenir : il a trop à faire, car il a trop peu fait.

N'a-t-il point déjà, aux yeux de beaucoup de monde, quelques fautes capitales à se reprocher ?

Et par exemple, à mon humble avis, le général a et aura toujours contre lui son vote pour la continuation de la guerre. Pouvait-il penser de bonne foi que la guerre fût encore possible? Si enthousiaste que l'on puisse être, si confiant que l'on soit dans les forces de la patrie et dans sa propre habileté, il y a une limite à cet enthousiasme, une borne à cette confiance en son habileté et en les ressources d'un pays; et, à ce moment, cette limite et cette borne étaient évidentes, se montraient aux yeux de tous, apparaissaient fatales et nécessaires. Le général n'avait-il donc point assez de clairvoyance pour voir ces choses, assez de fermeté pour vouloir en conjurer les menaces? Fermait-il les yeux sur l'état de son armée? Ne distinguait-il pas, n'apercevait-il pas tout ce ce qu'il y avait d'abattement, de fatigue et de démoralisation parmi ses propres troupes? On se souvient à Poitiers, dernier quartier-général de M. Chanzy, de l'étalage navrant des misères de ses soldats: les uns accoutrés d'une étrange manière, qui d'un pantalon de paysan déchiré et râpé, qui d'une méchante casquette, qui d'une blouse; les autres exténués, éreintés, se traînant à peine; les cavaliers transformés en piétons, et quels piétons! les artilleurs sans chevaux... enfin vous voyez le tablaau d'ici: quelle misère! Devant ce désordre physique et moral de l'une des meilleures armées d'alors, de la meilleure peut-être, on ne pouvait raisonnablement penser qu'à la paix, qu'à la conclusion rapide de la paix. Et le général, le premier de tous, aurait dû — ce me semble — souhaiter, vouloir cette paix, car il lui était impossible de tenir désormais la campagne, et il savait qu'à son armée et à lui se réduisait notre dernière espérance, l'espérance du désespoir !

Qu'est-ce donc qui a pu le pousser ainsi à voter la guerre ? Est-ce un sentiment d'ambition ? Car il avait montré assez de capacité, assez d'énergie pour qu'on pût le choisir entre tous pour commander, diriger le minime reste de nos débris. Est-ce un sentiment exagéré de patriotisme qui lui donnait des illusions sur la puissance de la patrie ? Il ne pouvait pas ignorer notre impuissance et notre découragement, la triste perspective qui se déroulait devant nous de défaites nouvelles et de nouvelles déroutes. Aurait-il agi de cette façon pour plaire aux Républicains, aux Démocrates, aux Démagogues, à tous ces furieux Outranciers ? Je n'ose le croire, mais je constate que c'est ce même vote qui l'a peut-être arraché des mains de la Commune, qui lui a fait pardonner par elle ses attaches à l'ordre et au gouvernement de l'ordre. Serait-ce enfin par une reconnaissante fidélité à M. Gambetta et par déférence à ses principes ? Je ne sais, mais il n'y a point — je pense — d'hésitation possible entre la déférence que l'on peut avoir pour les principes et pour la personne de M. Gambetta, et celle que l'on doit aux désirs, aux vœux, à la volonté de la patrie.

M. le général Chanzy, dans son discours prononcé à la réunion du centre gauche, nous révèle des choses bien curieuses et bien piquantes sur la formation de ses convictions politiques. C'est une page de confessions digne de J.-J. Rousseau ; il en a, certes ! la naïve franchise et l'intrépide assurance dans la vérité. Mais ces convictions, pour être profondes, me paraissent un peu trop promptes, un peu trop spontanées. Or, la spontanéité fut-elle jamais une base solide et inébranlable pour les convictions politiques ? Il est à craindre qu'elles ne changent à l'occasion avec la même spontanéité qu'elles ont mise à se produire.

Ces convictions lui sont nées, nous dit-il, de l'attentive contemplation de l'impuissance des monarchistes. Il n'a point trouvé en eux la fermeté, la décision qui lui convenaient ; il a cru les trouver dans le centre gauche : c'est pourquoi il y est entré. Eh ! mon Dieu, est-ce bien là une vraie raison, une raison fondamentale ? Je ne puis le croire. Si le parti monarchiste a peu ou point du tout d'énergie et de résolution, est-ce là un motif suffisant pour l'abandonner ? N'est-ce pas plutôt, pour un homme résolu, énergique, hardi comme le général Chanzy, un motif de plus pour adopter ce parti où — pouvant avoir de l'influence et de l'autorité — il aurait pu verser un peu de cette énergie, de cette résolution, de cette hardiesse ? S'il ne fût point devenu le chef de ce parti, il en eût été du moins l'un des chefs, ce qui n'était point à dédaigner, je suppose, et, comme tel, quel bon emploi pouvait-il faire de ses brillantes qualités, quel beau rôle lui revenait avec sa fermeté et sa décision !

Mais non ! il a mieux aimé recevoir, accepter la présidence du centre gauche... pour de là monter plus haut, aspirer sans doute au ministère de la guerre, prétendre peut-être à présidence de la République Française. Et n'est-ce pas — qui donc pourrait sûrement le nier ? — n'est-ce pas à l'impulsion de M. le Président de la République qu'il a cédé, en acceptant cette fonction qui le met en vue et le pose d'emblée en héritier présomptif de M. Thiers ? M. Thiers a quelque sympathie — chacun sait ça — pour le centre gauche et pour les opinions de ce parti ; il voudrait fonder la République en France : en attendant, il en fait l'*essai loyal*. Il se cherche pour cette œuvre un successeur intelligent et décidé. M. le général Chanzy lui offre-t-il toutes les garanties désirables ? On dit que c'est probable, sinon certain. Je doute — en tout cas — que M. Chanzy réussisse, car, suivant la judicieuse observation de M. J.-J. Weiss, l'*essai loyal* de la République est attaché à la seule personne de M. Thiers et périra avec elle.

L'homme politique n'existera plus alors en M. Chanzy ; le général, à défaut de l'homme politique, résistera-t-il à cette épreuve ? J'en doute, surtout lorsque je pense à ce qui est arrivé au général Faidherbe et au général Trochu.

UN STEEPLE-CHASE POLITIQUE.

Blois, le 22 mai 1872.

Mai est bien le mois où tout s'éveille, s'agite, se remue ; où tout va, trotte, court ; où tout est en proie à une dévorante activité. Oui, c'est l'heureux mois où tout se développe à l'aise : la fleur au sein de la nature et l'idée au sein de l'esprit, où tout se déploie le mieux : les draperies de soie sur la femme et l'intelligence sur un bel objet, où tout se donne une plus libre carrière : les chevaux dans les champs de course... voire même, sans comparaison injurieuse, les ambitieux dans l'arène politique.

Ceci — ce que je viens de dire en dernier lieu — me paraît exceptionnellement applicable à ce mois de mai 1872. Jamais, jusqu'à ce bienheureux mois, la République provisoire existant, jamais le monde n'avait joui d'un plus désopilant spectacle d'un steeple-chase politique.

Le prix de ce steeple-chase était beau : c'étaient

trois mille beaux louis d'or par an (60,000 francs, s'il vous plait !), des honneurs presque souverains et le séjour dans le plus charmant et le plus radieux pays de l'univers ; pour tout dire en un seul mot, c'était la légation d'Athènes. Ah ! certes, il fallait, pour ce prix-là, des concurrents de mérite, des chevaliers d'honneur... non d'industrie ! La patrie de Descartes, de Pascal, de Leibnitz se devait à elle-même d'envoyer autre chose qu'un avocasson à la patrie d'un Socrate, d'un Aristote, d'un Platon, alors surtout que celle-ci lui avait envoyé l'un des hommes éminents de sa littérature contemporaine, l'honorable M. Rangabé.

Mais suivant le proverbe : « tel père tel fils, » qui peut se changer en cet autre : « telle République tels Républicains », notre digne gouvernement ne peut guère choisir et ne choisit pour ses fonctionnaires de toutes sortes que des personnages faits de la même trempe que lui et marqués à son propre coin. Ne soyez donc pas surpris d'avoir vu dans la lice gouvernementale, tout impatients d'obtenir le prix, deux jeunes et pimpants cavaliers de l'ordre des Minimes... Républicains : inutile, je pense, de vous nommer M. Guyot-Montpayroux, l'un des épileptiques (genre Langlois) de l'ex-Corps-législatif, et

M. Ferry ou Jules III, ainsi appelé parce qu'il fut toujours à la queue des signors Jules Favre et Jules Simon.

Ce fut entre eux une lutte ardente, effrénée, une lutte à outrance ; on s'en souviendra longtemps dans les fastes diplomatiques. Quelques péripéties émouvantes accrurent encore l'intérêt qu'offrait la vue de ce beau steeple-chase. Pendant longtemps on vit les deux rivaux courir de front ; enfin Montpayroux dépassa Ferry : il allait l'emporter, lorsque soudain, par un coup de bonheur, Ferry gagna de l'avant et arriva le premier. Cette victoire, il est vrai, ne lui était qu'une compensation à une précédente défaite. Il n'avait pu avoir l'ambassade des États-Unis, il eut cette fois l'ambassade de Grèce... Mais tout autour de lui les tribunes restèrent muettes ou indifférentes, et pas un applaudissement ne vint saluer le vainqueur. Cette froideur universelle pour son heureux adversaire consola un peu Montpayroux ; ce qui le console davantage, sinon complètement, c'est l'offre du consulat général de Pesth qu'il veut bien accepter au seul grand profit de la France, non au sien sans doute. C'est là une assez bonne fiche de consolation ; on se consolerait à moins.

Or, savez-vous pourquoi M. Ferry, autrement dit Jules III, a vaincu ce pauvre M. Montpayroux? Est-ce parce qu'il a plus de valeur que son malheureux rival? plus de mérite? plus d'éclat? plus de prestige ? Ce serait vraiment mettre M. Montpayroux trop bas que de lui supposer moins de mérite et de valeur que M. Ferry. Heureusement pour lui, il y a une autre raison, et la voici : c'est que M. Ferry a pour protecteur auprès de M. le Président de la République provisoire le très-haut, très-grand et très-puissant ministre de l'instruction publique et des cultes, Son Excellence M. Jules Simon-Suisse en personne, tandis que M. Montpayroux n'a de son coté que M. Grévy, l'humble et modeste président de l'Assemblée nationale. Peut-être encore doit-il son triomphe à ce fameux livre dont toute la valeur se réduit à son titre : « les comptes fantastiques d'Haussmann » ? M. Montpayroux, lui, n'avait commis tout au plus que quelques lettres assez pâles publiées, je crois, dans le *Soir*. Comme M. Jules Simon-Suisse est aujourd'hui en pleine veine de faveur, il n'a certainement pas eu beaucoup de peine à obtenir la nomination de son favori à l'ambassade de Grèce. Il venait de faire poser à la préfecture de Vaucluse un certain M. Delcussot, radical ambitieux, sous-préfet manqué de Lesparre, ancien président à calèche du camp de Saint-Médard ; que lui coûtait-il, après cela, de pousser vers Athènes son excellent camarade Ferry? En retour M. Ferry pourra lui annoncer à quelle édition s'élève la traduction en grec moderne de ce livre de haute philosophie morale qui contredit toute sa vie, le *Devoir*. Ce sera toujours quelque chose... si ce n'est pas tout.

Que voulez-vous, en effet, que M. Ferry fasse à Athènes? A-t-il quelques titres sérieux qui le recommandent, je n'ose dire aux yeux des Grecs, mais seulement à nos propres yeux ? Fut-il jamais un négociateur habile, un adroit diplomate ou simplement un bon administrateur? Qui donc oserait l'affirmer ? Possède-t-il des connaissances spéciales ? Lesquelles? Est-il entouré de l'estime général ? Je ne puis que constater le contraire ! A-t-il les qualités nécessaires, la clairvoyance et la perspicacité qu'il faut pour pouvoir surveiller de près et bien la question d'Orient ? Quel est celui qui n'en doute pas ! Connaît-il les mœurs, les coutumes, le caractère des Grecs ? Où a-t-il pu les connaître? Sait-il le Grec moderne ? Il y a lieu d'en douter.

Toutes ces questions, nous pourrions les adresser à M. Montpayroux lui-même avec quelques légers changements de texte ; il ne saurait sans doute que nous répondre.

Je ne sais donc ou ne puis, malgré toute ma bonne volonté, trouver en MM. Ferry et Montpayroux les qualités ou — à défaut de qualités — les vertus qui ont pu déterminer le choix de M. le président de la République. M. le président, en sa qualité d'« historien national », ne doit pas ignorer, n'ignore pas nos précédents diplomatiques, il connaît cette mémorable tradition établie par les Lyonnes, les Vergennes, les Choiseul, les Siéyès, les Talleyrand, et continuée de nos jours avec éclat par MM. Walewski, Thouvenel, Drouyn de Lhuis, etc. ; et c'est au moment où la France essaye de se relever et a le plus grand besoin de bonnes et solides alliances, où il faut que, si elle a été vaincue, du moins son honneur subsiste dans toute son intégrité, sa considération dans tout son éclat, sa force diplomatique et administrative dans toute son énergie, oui, c'est à ce moment que M. Thiers ose choisir pour nos préfets des radicaux ou des républicains d'une trop douteuse apparence, pour nos représentants à l'étranger, tous ces Ernest Picard, ces Le Flô, ces Guyot-Montpayroux et ces Jules

Ferry ! Dieu me garde de douter le moins du monde du patriotisme de M. le président de la République, mais j'avoue que ce triste spectacle ne manquerait pas d'inspirer à un misanthrope aussi avancé qu'Alceste quelques sentiments de surprise et même d'indignation.

Vraiment, ce n'était pas la peine d'hésiter si longtemps entre M. Montpayroux et M. Ferry ; on aurait bien dû leur épargner, à eux aussi, la peine de lutter avec tant d'ardeur l'un contre l'autre : tous deux n'étaient-ils point bons tout au plus à rester tranquillement et paisiblement en France ?

Espérons — pour l'honneur de notre patrie — qu'à la prochaine vacance d'une grande ambassade, il n'y aura pas de steeple-chase dont cette ambassade soit le prix ; espérons surtout que ni M. Montpayroux, ni M. Ferry n'oseront encore se mettre sur les rangs.

DANGER DES PROCÈS

FAITS AUX GOUVERNEMENTS TOMBÉS.

Blois, le 28 mai 1872.

Tout gouvernement qui assiste au procès du gouvernement qu'il remplace est tenu, par ce fait même, d'être plus constamment sur ses gardes, d'exercer sur lui-même et sur ses agents une surveillance plus active, un contrôle plus sévère, un examen plus sérieux. Pour un gouvernement scrupuleux à l'excès (mais y en a-t-il ?), cette vigilance pourrait quelquefois aller si loin qu'elle lui créerait nécessairement, à un moment donné, des embarras et des entraves. Plus un gouvernement est éclairé... par les fautes des autres, plus aussi il est coupable dans ses propres fautes et dans ses erreurs. C'est ce que semble ignorer le président de la République provisoire : il laisse faire le procès à l'Empire, il y pousse même ; mais songe-t-il à ce que lui impose ce procès ? Sait-il qu'il rend ainsi plus lourde sa responsabilité à lui ? Voit-il ce qu'il se prépare pour l'avenir ? Ne met-il pas dans les esprits et dans les cœurs une étincelle de haine, un désir de vengeance au lieu de calme et d'apaisement ? Et qui sait si cette haine et cette vengeance ne pourraient pas se traduire un jour par quelques violences ! Qu'il prenne garde : s'il voit une paille, une grosse paille même dans l'œil de son prédécesseur, peut-être trouvera-t-on un jour dans le sien — à défaut de paille — quelque énorme poutre !

DE LA RESPONSABILITÉ

DES MARCHÉS.

Blois, le 10 mai 1872.

Vous triomphiez, Messieurs les Républicains, lors du fameux discours du duc d'Audiffret-Pasquier... C'était, j'en conviens, un discours magistral, oui magistral littéralement, c'est-à-dire d'un maître qui prétend faire la leçon et qui régente, d'un juge qui veut prononcer la sentence d'un jugement définitif.

Mais si le maître a raison sur beaucoup de points, sur la plupart même, en ce qui concerne les faits seuls, a-t-il encore raison d'en faire peser la responsabilité uniquement et simplement sur l'Empire ?

Je ne sais si M. le duc d'Audiffret a voulu chercher — en agissant ainsi — un sûr élément de succès pour son discours, car on sait qu'il suffit de parler des fautes de l'Empire devant l'Assemblée nationale, qui a ses préventions et ses rancunes, pour obtenir un triomphe certain et d'inévitables applaudissements ; toujours est-il qu'en cela il s'est montré peu juste et peu équitable, quand tout dans sa position de président de la Commission des marchés, dans sa dignité d'homme influent et considérable, dans son caractère de grand gentilhomme, lui commandait au contraire la plus grande équité, la plus pure et la plus franche justice.

Car enfin l'Empire est-il parfaitement responsable de tous les mauvais marchés dont M. d'Audiffret-Pasquier a entretenu l'Assemblée ? Et, en outre, en est-il seul responsable ? N'en déplaise à M. d'Audiffret, je réponds qu'à l'Empire ne revient pas la pleine responsabilité de ces marchés ; elle ne saurait lui revenir par une raison bien simple et qui me semble toute élémentaire : par la raison que la conclusion de ces marchés, et leur seule conclusion, a été faite par l'Empire. L'Empire s'est adressé à des intermédiaires, comme cela a lieu en pareil cas, et leur a dit de lui fournir telle quantité d'armes, telle quantité de munitions, telle quantité d'autres choses sous le délai de tant de jours et au prix d'une somme déterminée ; ceux-ci ont accepté l'engagement. Jusque-là, rien que de très-naturel. Mais quels étaient ces gens ? quelle était leur honorabilité ? leur garantie ? Là je m'arrête, et je demande quel est le gouvernement qui — dans les circonstances où l'on était et avec la précipitation d'action exigée par la guerre — n'eût pas agi comme l'Empire lui-même, ne se fût pas — ainsi que lui — trompé sur les personnages et n'eût point égaré sa confiance ? Et puis, croyez-vous qu'il y ait beaucoup de monde qui s'offre à tenir de tels marchés au milieu de tels événements ? Non, l'embarras du choix n'existe plus alors, on prend qui se présente.

Ainsi, l'Empire n'est responsable que de l'offre, que de la conclusion des marchés, Or, la conclusion des marchés, c'est presque la moindre des choses ; ce qui est capital, ce qui est essentiel, c'est leur exécution. Et quel est donc le gouvernement qui a la responsabilité — redoutable celle-là ! — de l'exécution des marchés conclus par l'Empire ? C'est bien le gouvernement de la défense nationale.

Le délai, fixé pour la délivrance des commandes, était passé, écoulé, périmé ; les marchés, atteints dans leurs conditions, n'existaient donc plus et ne valaient dès lors absolument rien. Je ne sais si l'Empire les eût maintenus malgré le vice fondamental qui les rendait nuls, qui les abrogeait. Il est fort probable, au moins, que la délivrance eût été plus prompte, plus rapide et mieux soignée : car si les traitants ont agi comme ils l'ont fait, s'ils ont réalisé des bénéfices énormes et criminels, c'est que — voyant les troubles qui survenaient en France et qui bouleversaient tout — ils ont pensé qu'il leur serait facile d'échapper à tout contrôle d'abord et puis à toute poursuite. Pourquoi donc, l'Empire une fois renversé, le gouvernement du 4 Septembre n'a-t-il pas déclaré nuls — selon son droit — les marchés conclus par lui, ou n'en a-t-il pressé et surveillé l'exécution s'il les maintenait ? En somme, la responsabilité de ces marchés pèse incomparablement plus sur le gouvernement de la défense nationale que sur l'Empire.

Aussi admirez Son Exc. Jules Simon, MM. Jules Favre, Ferry et Gambetta qui — à peine le discours de M. le duc d'Audiffret terminé — se précipitent au pied de la tribune, pressent les mains de l'orateur et lui adressent leurs vifs et sincères compliments ! Il y a de quoi, en effet ; il commence à les assommer, et ils l'en félicitent ; que sera-ce donc, quand il les aura achevés ?

Ils font comme les gladiateurs romains qui, près de mourir, venaient saluer l'Empereur qui ordonnait leur supplice : *te morituri salutant.*

Oui, ce sont eux, et avec eux les autres membres du gouvernement dit de la défense nationale, qui ont la grave responsabilité de l'exécution des marchés ; l'Empire n'a que la responsabilité de leur conclusion.. Et néanmoins ils se croient innocents : gare à eux ! leur tour viendra et bonne justice leur sera rendue. Quant à l'Empire, il veut sa revendication : il la voulait par la bouche de M. Gavardie qui réclamait la discussion sur le rapport de la Commission aussitôt après le discours de M. d'Audiffret, il la veut encore par la bouche éloquente de M. Rouher. Il l'aura, nous en avons la ferme assurance. Les débats qui vont s'ouvrir révèleront quels ont été les vrais coupables, ou des hommes de l'Empire, ou des hommes du 4 Septembre. Le jugement n'est pas douteux.

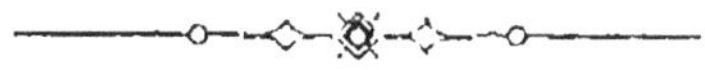

LES INTERRUPTEURS

DE M. ROUHER.

Blois, le 28 mai 1872.

Lors du second discours de M. Rouher, M. le baron Eschassériaux, tout indigné des immondes grognements et des interruptions, les unes plus ignobles que les autres, qui partaient de la gauche de l'Assemblée, fit entendre ce cri de justice : « Le *Journal Officiel* constatera et le pays jugera ces violences systématiques ! »

Oui, le pays — à défaut de l'Assemblée nationale — jugera lui-même ces violences, et il les trouvera d'autant plus coupables, criminelles et scandaleuses, qu'elles étaient, comme le dit bien M. Eschassériaux, plus systématiques et plus fortement arrêtées d'avance. N'avait-on pas vu se former, à l'instigation des Gent, des Rouvier, des Ordinaire, une infâme cabale destinée à harceler sans cesse et à tourmenter le grand orateur de l'Empire, à lui couper la parole, à le faire descendre de la tribune ? Ce moyen parut-il à ses inventeurs trop grossier et trop brutal pour s'en servir à coup sûr ? Oh non ! ce n'était à leurs yeux qu'un tout petit moyen ; mais quelqu'un d'avisé — étranger toutefois à leur hostile cabale, mais non opposé à son but — leur fit craindre à la dernière heure que ce moyen ne pût réussir à cause de l'apparence de brutalité que lui prêterait sans doute la trop complaisante conscience de leurs collègues de droite. La conspiration du silence fut donc décrétée à la place de la conspiration du tumulte.

Certes, ils se croyaient sûrs de la réussite de leur plan, ils s'attendaient à jouir d'un *four* complet... mais, en comptant ainsi, ils comptaient sans leur hôte. La défaite qu'ils espéraient se changea en triomphe. Ce fut, en effet, un vrai triomphe, quoique rien d'extérieur ne le révélât, quoique l'approbation fût toute au fond du cœur et que les bravos s'arrêtassent sur le bord des lèvres, ou plutôt n'est-ce pas pour cela même ? Car, pour être tout intérieur et secret, le succès n'est pas moins éclatant et peut-être est-il plus éclatant encore.

On vit alors ce qui ne s'était jamais vu. On vit d'honorables députés — et Dieu seul en sait le nombre ! — qui s'apprêtaient à applaudir, tout persuadés, convaincus et emportés qu'ils étaient par la force de la vérité et l'éclat de l'éloquence, arrêter court leurs mains, leurs têtes, leurs lèvres, se demander avec embarras s'ils approuveraient ou n'approuveraient pas, hésiter, tergiverser, regarder à droite et à gauche... puis se mordre les lèvres et se tenir les mains. C'eût été une comédie, si ce n'eût été un drame et un drame bien triste ! Il a fallu vraiment à tous ces députés un énorme courage pour ne pas vouloir exprimer les sentiments dont leur cœur était plein. A quel supplice se sont-ils condamnés en se défendant à eux-mêmes de répandre au dehors les pensées qui demandent le plus à s'épancher ! Car il n'y a pas en nous de choses plus difficiles à comprimer, à étouffer que le plaisir et le contentement. Pauvres députés, comme vous étiez à plaindre !...

Et quel est donc le motif, l'impérieux motif qui les a poussés à subir cet affreux tourment ? Eh ! mon Dieu, c'est tout simplement parce que l'homme qu'ils applaudissaient en revanche au fond de leur âme et conscience professe une opinion politique différente de la leur. Que leur importe après tout son opinion politique, s'il dit la vérité et s'ils la reconnaissent en sa bouche ! Puis cette opinion est aussi respectable que leur opinion à eux : qu'ils la lui laissent donc professer avec la même liberté qu'il leur laisse professer celle qu'ils peuvent avoir.

Ah ! si c'était l'opinion, si c'étaient les doctrines de certains membres de l'Assemblée, je comprendrais cette opposition, ce silence injurieux, cet accord dans une manifestation hostile. Mais au lieu d'être hués et méprisés, ce sont ces membres-là qui méprisent et huent les autres... même lorsqu'ils voudraient s'empêcher de le faire, tant la haine est dans leur nature !

Du haut de leurs bancs, voyez-les gesticuler, s'agiter, tempêter ; entendez leurs cris, leurs apostrophes, leurs injures, leurs menaces. Ils ne peuvent maîtriser leurs mouvements ; les efforts de leurs amis suffisent à peine à les contenir et à les arrêter. S'ils le pouvaient, je crois, ils avaleraient l'orateur. C'est, en première ligne, un M. Escarguel, marchand de cirage, qui lui montre le poing... noir encore de cirage ; c'est M. Tolain qui fait mine de l'empoigner avec ses mains couvertes de l'auguste « crasse du travail » ; c'est M. le colonel Langlois qui ébranle parfois la colonne où il s'appuie... peut-être pour la lui faire tomber sur la tête ; c'est M. Gent qui ricane en lui montrant les dents. Tout à côté d'eux on entend M. Mestreau qui grogne, M. Faye qui gronde, M. Rouvier qui rugit, M. Ordinaire qui vomit ses insultes, etc., etc. : — Plus loin, sur un autre plan, MM. de Kerdrel et Trochu s'en donnent à cœur joie : l'un lance quelques épigrammes trempées de fiel amer, l'autre s'apprête à faire une vigoureuse « sortie ». Quelle est donc là-bas cette bouche qui remue toujours ? C'est celle du grand diplomate Jules Favre, l'émule de Bismark, l'homme au « pouce » et à la « pierre », que va clouer sur place un seul mot de celui qu'il veut interrompre. Qu'aperçois-je dans les tribunes ? N'est-ce pas M. Glais-Bizoin, en gants peau de chien, qui aurait quelque velléité de jeter son petit mot et son fameux chapeau gris à la face de l'orateur ? Enfin, enfin voilà l'illustre sire de Gambetta : il n'est pas « l'homme de Sédan », lui ! il n'est que l'homme des trois milliards et des deux provinces ; il n'est pas un « lâche déserteur », lui ! il n'est que le fuyard de

Tours et de Bordeaux ; il ne court pas « derrière la voiture de son maître, » lui ! il ne fait que ramper devant la lie de la populace ; il ne fait pas de « folies », lui ! il ne fait que des folies furieuses ; il ne commet point « d'affaires véreuses », lui ! il ne fume que sa pipe et ne boit que son bock aux frais de la France ; il n'est pas « l'avocat de l'Empire aux abois », lui ! il n'est que l'avocat des crapules, des canailles et des communards !...

Il faut bien l'avouer : si la gauche écumait de rage, si la droite se taisait ou bien approuvait un peu et murmurait tour à tour, c'est que l'une et l'autre sentaient la vérité des paroles de M. Rouher. Les interrupteurs et les furieux étaient atteints droit au cœur ; leurs fureurs et leurs interruptions le prouvent.

Tout, en effet, dans les deux discours de M. Rouher allait directement au but : le premier affirmait la vérité, le second l'a confirmée. Tout autre est le discours de M. le duc d'Audiffret-Pasquier. Ce n'est, à proprement parler, qu'une déclamation pompeuse, sonore et vide. Au lieu de répondre d'une manière précise à son contradicteur, au lieu d'attaquer ses arguments, ses faits, ses chiffres, il va à côté de la question, l'effleure ou glisse sur elle ; il prend pour point de mire l'Empire et M. Rouher : en somme, il n'a point fait de réfutation. Quant au discours de M. Gambetta — si discours il y a, — ce n'est qu'un informe tissu de sottises, d'injures et de calomnies. M. Gambetta l'a puisé dans l'ordure et le fumier ; il y fait comme les chiens de bergère, il jappe, mais ne peut mordre. L'ex-dictateur me paraît être absolument rien en face de M. Rouher, et M. d'Audiffret-Pasquier lui-même est peu de chose.

Du reste, M. Rouher dominait l'Assemblée entière. Tous étaient écrasés par son imposante personnalité, par l'autorité de sa science et la dignité de son langage. Que les autres orateurs semblaient petits devant lui ! Comme ils disparaissaient sous son immense talent ! Lui, la personnification de l'Empire, montrait quelle était la force de l'Empire et de son principe, c'est-à-dire l'appel au peuple ; les autres sentaient toute leur faiblesse et toute leur impuissance devant cette force et cette énergie. L'Empire, personnifié en lui, paraissait grand ; la République, personnifiée en les Gambetta et Cie, paraissait bien piètre et bien chétive.

Et ce n'est pas seulement un incomparable

esprit que possède M. Rouher, c'est aussi un grand cœur. Les derniers mots du second discours de cet éloquent orateur sortent des profondeurs de son âme et montrent cette âme dans toute sa noblesse, dans toute sa beauté, dans tout son patriotisme.

LES PROGRÈS D'UNE ANNÉE.

Blois, 28 mai 1872.

Il y a un an, près d'une centaine de purs et honnêtes hommes, prêtres ou laïques, tombaient — rue Haxo — sous les feux de peloton de sinistres bandits, et, en tombant, jetaient le cri sacré de « Vive la France » : c'étaient les Otages de la Commune.

Il n'y a guère plus d'un jour, trois de ces bandits tombaient eux-mêmes — à Satory — sous les feux de peloton de la troupe, et, en tombant, s'écriaient encore : « Vive la Commune ! » C'étaient Boin, Serrizier et Boudin.

Certes, ce n'est point par une fantaisie plus ou moins littéraire, Dieu nous en garde ! que nous opposons ainsi l'un à l'autre ces deux faits, l'un tout de vengeance et de barbarie, l'autre tout de justice. Nous avons un but plus relevé, c'est de vouloir constater le progrès qui a pu s'accomplir depuis la première date jusqu'à la seconde, et quel progrès...

Or, quel est le spectacle qui s'est offert à nous durant toute cette période? Est-il de nature à remplir nos cœurs d'espoir, ou à nous inspirer de sombres et tristes pensées? Peut-il nous consoler du passé et nous faire espérer un avenir plus souriant?

Il faut bien l'avouer, hélas! ce spectacle a été désolant, rien que désolant.

Et s'il est quelqu'un qui doive se faire quelques reproches de ceci, c'est M. le Président de la République; il est vrai qu'à lui nous pouvons joindre la plupart des membres de l'Assemblée nationale.

Après une guerre civile comme celle que nous avons eue, après les épouvantables assassinats, pillages et incendies de la Commune, il fallait la plus prompte et la plus sûre répression, il fallait d'énergiques mesures, il fallait infliger aux coupables un châtiment digne de leur crime, et ce crime est le plus grand peut-être de tous les temps.

Les soldats qui ont terrassé la Commune ont seuls agi comme on devait agir : ils l'ont vaincue avec une noble énergie, ils l'ont poursuivie et traquée d'une manière implacable. Ils donnaient ainsi un bel exemple à nos gouvernants, et nos gouvernants n'ont osé le suivre. La composition des conseils de guerre s'est faite avec lenteur et leur nombre était insuffisant ; un seul mois était et devait être nécessaire au jugement des criminels, et voilà un an, un an tout entier que dure ce jugement : quand donc finira-t-il ? Il fallait exécuter ou déporter bien vite, puis fermer les yeux sur tout cela. Table rase étant faite, on se serait occupé dès lors de la pacification et de la réorganisation civile et militaire de notre pauvre France...

Mais au lieu de s'occuper de cette œuvre de réorganisation et de pacification, le gouvernement de la République n'a pensé et ne pense encore qu'à une politique d'expédients et de ruses, et qu'au maintien de l'équilibre parlementaire. Il se plaît à élever aux postes éminents de l'administration, voire même de la diplomatie, les gens les plus compromis dans les derniers événements : il envoie un Jules Ferry à Athènes, lui qui demandait — non les *libertés nécessaires* — mais les *destructions nécessaires*, c'est-à-dire les destructions de l'armée, du clergé et de la magistrature ; il pose un Ernest Picard à l'ambassade de Bruxelles, pour le récompenser sans doute de la joie qu'il manifestait de la perte de deux provinces et de la chute d'un gouvernement ; il cherche même, dit-on, une place de grand ambassadeur pour le diplomate Jules Favre qui — jadis — falsifiait si bien les actes de l'état civil. Voilà les hommes chéris de notre gouvernement. Et pourtant ces hommes ont fait le 4 septembre, et de ce 4 septembre est né le 18 mars ! On commence par des paroles, des menaces et des délits ; on finit par l'insurrection, le meurtre, le pétrole. Les Septembriseurs et les Communards sont des chaînons divers d'une seule et même chaîne : ils se touchent et se rattachent toujours par quelque endroit. Qu'on s'étonne ensuite de ce qui se passe ou s'est passé à Lyon, à Marseille et ailleurs !

Et l'Assemblée nationale qui voit ces choses révoltantes, qui peut les juger, n'en dit rien et absolument rien... mais, en retour, elle forge des lois éphémères, s'épuise en discussions stériles, fait des procès aux gouvernements tombés. Pense-t-elle se donner par là quelque lustre ? Croit-elle *sauver la France*, comme elle veut bien se le dire ?

Nous l'avons donc vu, nous le voyons donc

encore : l'Assemblée et le gouvernement issu d'elle n'ont pas plus d'énergie l'un que l'autre, de virilité et de force. L'un va jusqu'à souffrir le séjour au sein même du pays de ce hideux Félix Pyat, l'ignoble auteur du toast aux balles régicides ; l'autre permet l'étalage dans sa propre tribune, qu'il souille et déshonore, de cet insulteur public, de ce mannequin à paroles, de Gambetta !

Quel est donc le remède à tout cela ? C'est un gouvernement fondé sur l'appel au peuple, par conséquent stable, et trouvant dans sa stabilité la force nécessaire au respect des lois.

Alors il n'y aurait ni communards ni septembriseurs pour menacer la société et détruire la patrie ; la France, si lasse maintenant et si fatiguée, serait tranquille et redeviendrait grande et prospère.

LES LEGENDES

DU GÉNÉRAL TROCHU.

Blois. 30 mai 1872.

Napoléon Ier disait du général Hoche : « Il a la parole courte, mais l'épée longue. » On pourrait retourner le mot et l'appliquer au général Trochu ; ce ne pourrait être une injure, car il a fait ses preuves, je ne dis pas d'habileté ou de génie, mais de bravoure. Oui, le général Trochu a « l'épée courte, mais la parole longue. » Il a l'épée courte : le siége de Paris en témoigne de la manière la plus irréfragable ; il a la parole longue : ses interminables discours, à la Chambre, l'attestent trop clairement et pour lui et pour nous.

S'il pouvait être une fois excusable d'avoir la parole longue, ce serait assurément au jour de la discussion de la loi militaire, à ce fameux jour où il devait dérouler son dernier *plan*... au profit de nos arrière-neveux, et dire ses solennels adieux à la France et à l'univers.

Qu'a-t-il donc apporté, quels éléments nouveaux et quelles magnifiques idées a-t-il donc jeté dans le grand débat d'où doit sortir la réorganisation de l'armée et le renouvellement du vrai patriotisme et de la discipline, d'où dépend — par contre-coup — notre avenir et notre existence elle-même? Louons Dieu! l'illustre général y a mis toute sa science... philosophique.

Il y a longtemps, bien longtemps que M. le général Trochu fait provision de principes de métaphysique militaire; déjà il avait daigné nous en découvrir quelques-uns, mais les moins beaux, dans son livre sur l'*Armée Française en* 1867: il a complété son bagage, et il vient aujourd'hui — tout radieux et tout fier — en étaler sous nos yeux les incomparables richesses.

Voyez: voilà la série des *légendes* par lesquelles périssent les armées... En voulez-vous, des légendes! en voulez-vous? tenez: c'est la légende de Louis XIV, qui produit Rosbach; c'est encore la légende de Frédéric, qui aboutit à Iéna; c'est encore et encore la légende de Napoléon, qui engendre Waterloo, engendre Reischoffen, engendre Sédan!...

Et maintenant au tour des *honneurs* qui démoralisent et gâtent toutes les troupes, comptez : c'est la croix, c'est la médaille, c'est le galon, c'est le ruban, c'est l'aiguillette, c'est l'épaulette, c'est le gland d'or, etc., etc.

Vraiment ! s'il est bien sûr que ce soient les légendes qui conduisent les soldats à leur perte, s'il est également sûr que ce soient les honneurs qui brisent leur courage et les courbent sous la servitude — ce que je ne puis absolument croire — alors M. le général Trochu me permettra de lui dire qu'il se trouve, lui personnellement, dans un bien triste état.

N'existait-il pas, en effet, vers les dernières années de l'Empire, une certaine légende qu'on pourrait appeler *la légende du général Trochu* ? On avait fait du général presque un martyr, on lui prêtait une imposante austérité, on lui croyait un génie militaire transcendant... et cet être surnaturel, on s'aperçut soudain que c'était M. Trochu gros comme devant. La légende Trochuiste avait abouti au siége de Paris.

Quant aux honneurs de toutes sortes qui pouvaient lui venir, décorations ou grades, le général Trochu n'a jamais songé le moins du monde à les refuser et à les dédaigner ; il aimait ces hochets tout comme un autre, et peut-être les aime-t-il encore.

La corruption l'a donc atteint lui-même par tous les endroits et sous tous les régimes : de l'Empire, il reçut le poste de gouverneur de Paris ; de la République, la présidence du gouvernement de la défense nationale. Il trahit l'un pour servir l'autre.

Il est mal venu maintenant à nous parler de corruption, de bassesse et d'avilissement... Qu'il s'adresse à ses propres paroles ! Qu'il mette lui-même en action la morale qu'il prêche aux autres !

S'il n'avait à nous donner que des variations philosophiques plus ou moins étranges sur la Réorganisation de l'Armée, pas besoin n'était pour si peu de chose de rompre avec de vieilles habitudes sédentaires et d'entreprendre enfin une suprême et dernière sortie, *la sortie torrentielle.* Mais qui sait ? il a voulu sans doute nous faire honte en opposant sa légère démoralisation à notre démoralisation immense ; qui sait encore ? l'altération si profonde de nos caractères effraye peut-être le reste de son énergie morale, qu'il veut préserver de toute atteinte. C'est pourquoi il annonce qu'ayant opéré sa sortie dernière, il va se replier en bon ordre : dans la retraite, du moins, rien ne pourra corrompre en lui l'honneur du *soldat*, l'austérité du *catholique*, la fidélité du *Breton !*

LE RESPECT DE LA PATRIE.

Blois, le 2 juin 1872.

Après une foule de discours plus ou moins éloquents, et le dirai-je? plus ou moins inutiles, l'Assemblée nationale a pu aborder enfin la discussion des articles de la nouvelle loi militaire : les cinq premiers articles ont été admis d'emblée.

Parmi ces articles, il en est un d'une grande importance au point de vue politique ; il est ainsi conçu : « Les hommes sous les drapeaux ne prennent part à aucun vote. »

Constatons bien vite, à l'honneur de l'Assemblée, qu'en adoptant cette mesure, elle s'est heureusement départie de ses vieilles habitudes, c'est-à-dire qu'elle a fait un acte de bon sens.

Il y a longtemps déjà que l'on reconnaît et qu'on déplore tous les inconvénients, tous les dangers du vote militaire. Il était temps et grand temps que l'on remédiât à un tel état de choses :

si cet état de choses, en effet, était vraiment intolérable, même en temps de calme, qu'on juge de ce qu'il serait devenu au milieu des agitations et des tempêtes qui menacent la société !

Interdire le vote aux soldats, c'est bien ; mais du même coup il faudrait interdire l'élection aux chefs. L'un ne doit pas aller sans l'autre : ce sont deux conséquences qui sortent à la fois du même principe. — **M. Raoul Duval** l'a bien compris. Aussi est-il venu développer sur l'article de loi en question un amendement additionnel touchant l'inéligibilité des généraux et officiers en activité de service. L'Assemblée a repoussé l'amendement malgré les motifs de haute raison que M. Duval avait fait valoir en faveur de l'adoption.

M. Raoul Duval peut se consoler de cet échec et s'en console sans doute, tant à cause des applaudissements qu'il a su soulever qu'à cause de l'espérance qui lui reste de présenter son amendement sur la loi électorale. Il est probable qu'alors Messieurs nos représentants n'hésiteront plus à l'adopter ; car peut-être ont-ils craint — ils sont si bons ou si faibles ! — de paraître infliger par une adoption immédiate un blâme trop rigoureux, trop sévère aux officiers supérieurs qui siégent à côté d'eux.

Dieu sait pourtant s'ils le méritaient bien, ce blâme ! ce n'était donc pas assez pour eux de s'être battus à coups de brochures! Il fallait donc aussi qu'ils vînssent se battre à coups de harangues jusque dans le sein de l'Assemblée nationale ! Non, ils ne leur suffisait pas de s'être disputés sur tous les tons pour savoir lequel d'entre eux avait le mieux... que dis-je ! le moins mal commandé, ils se réservaient de lutter encore pour savoir lequel aurait le plus d'influence politique !

Quel triste spectacle !...

C'est en pleine chambre qu'on a entendu un général, et des plus vaillants, certes ! puisqu'il s'appelle Ducrot, lancer ce cri de révolte à l'adresse d'un ministre de la guerre : « Si l'on m'ordonne de siéger dans le conseil de guerre, je n'obéirai pas ! »

C'est en pleine Chambre qu'on vient de voir cette insulte jetée par un simple colonel à la face d'un vieux général de division : « Vous êtes Metz, moi je suis Belfort ! » Ah ! colonel, vous ne saviez point alors la portée de cette insulte, vous ne saviez point qu'elle effleurait le général Changarnier pour retomber sur une armée tout entière; votre ignorance est votre excuse, sinon vous seriez coupable — entendez-vous ! — de la plus infâme et de la plus criminelle insulte, car votre insulte s'adresserait à la France elle-même...

Quoi que vous ayez dit, il ne saurait y avoir ni distinction ni séparation entre Metz et Belfort. Ces deux villes sont sœurs par leur patriotisme et leur courage ; seulement l'une a été malheureuse, tandis que l'autre a eu la bonne fortune pour elle ; cette différence, au lieu de briser leurs liens, les rattache encore plus étroitement.

Il en est de même de vous, colonel, et du général que vous avez voulu, mais que vous n'avez pu insulter. Vous êtes des frères d'armes. Vous n'êtes pas le vainqueur et lui le vaincu : la patrie a succombé et avec elle vous avez succombé tous deux.

Oh ! non, dans la triste lutte que nous avons soutenue tous ensemble, il n'y en a pas — parmi nous — qui puissent appeler les autres des vaincus, et ceux-ci ne peuvent regarder ceux-là comme des vainqueurs. Tous sont égaux. Qu'on n'aille donc pas mettre, comme à Grenoble, les noms de tels soldats sur une table d'honneur et laisser dans l'oubli les noms de tels autres soldats : ce serait outrager la France, leur mère à tous.

Trêve donc à toutes injures et à toutes accusations ! Qu'on se respecte soi-même, qu'on respecte les autres, qu'on respecte la patrie. Songeons que le spectacle amer de nos discordes ferait sourire de bonheur les peuples étrangers, les Prussiens surtout...

Allons, que les chefs de l'armée se souviennent que c'est d'eux que doit venir l'exemple de l'union, de la concorde, de la fraternité ! Qu'ils se taisent, puis se serrent cordialement la main devant l'armée qui les imitera dans cet acte de patriotisme, devant le pays qui les applaudira, qui aura dès lors confiance entière en eux, et qui pourra relever fièrement la tête !

L'armée est notre seul salut... Prenons garde de la déconsidérer et de la laisser s'affaiblir. Si donc quelques-uns des chefs ne veulent pas se mettre d'eux-mêmes à la raison, qu'on les y mette et soumette par la loi !

JULES FAVRE CRIMINEL

Blois, le 5 juin 1872.

Il est un homme qui a joui — sous l'Empire — d'une réputation immense ; tous ses actes, tous ses discours excitaient presque partout la surprise ou l'admiration. On disait même que son opposition au gouvernement d'alors, car il était le chef de la gauche, s'élevait jusqu'à l'impersonnalité — tout comme celle de M. Thiers ; il semblait qu'il n'existât à ses yeux ni intérêts de parti, ni intérêts personnels : l'amour de la France ne pouvait donc que vivre seul au fond de ce pur et noble cœur, lui seul aussi en devait faire vibrer les fibres si profondes de la pitié ou du courage. Le patriotisme et l'honnêteté, c'était là toute sa personne, c'était là tout son être.

Sa vie, il l'employait à deux choses : du haut de la tribune il défendait les *droits sacrés du peuple*, devant les tribunaux il protégeait les biens de la *veuve* et de *l'orphelin*. A cette belle vie publique faisait pendant une belle vie privée toute d'affection, de tendresse et d'amour... Tout dans cette double existence, extérieure ou intérieure, tout paraissait joie et sourire, tout paraissait bonheur !

Il est un homme que la terre ne devrait plus porter, que la honte et l'ignominie devraient couvrir tout entier du voile noir le plus épais, que le remords devrait tourmenter jour et nuit de son aiguillon le plus aigu, que tout Français devrait fuir... Car il a été lâche jusqu'au crime, imbécile jusqu'à la folie, orgueilleux jusqu'à l'idolâtrie de soi-même !

Ces deux hommes ne font qu'un, et cet homme unique, c'est Jules Favre.

Vingt ans durant, cet homme, si je puis donner ce nom

...... « A qui n'a rien d'humain ».

Vingt ans durant, ce Jules Favre à crié contre un gouvernement, issu d'un coup d'état légitime et *quatre fois* consacré par *sept* à *huit millions* de votes ; vingt ans durant, il a crié contre son origine, contre ses institutions, contre ses entreprises ; vingt ans durant il a crié contre ses dépenses, sa corruption, son faste, son luxe...

Puis cet homme de loi, qui doit respecter la loi avant tout et qui en demande aux autres le respect le plus absolu, cet homme-là profite d'une guerre malheureuse pour susciter au sein même du pays des troubles, des émeutes, et les fait habilement tourner à son avantage et à celui des siens.

L'ennemi est à deux pas, il touche à nos portes : que cela lui fait-il ? il aura la vice-présidence du gouvernement insurrectionnel ! Que lui importent l'heure et le moyen, s'il peut atteindre son but ? Il est satisfait. Voilà la grandeur de son patriotisme !...

Il a donc le pouvoir ! C'est maintenant qu'il va réaliser ses vœux d'autrefois, rétablir la paix, décréter la Liberté, l'Égalité, la Fraternité... vite, en effet, il décrète la Liberté, l'Égalité, la Fraternité, il se hâte — sans le moindre mandat — de traiter de la paix et de la guerre avec l'ennemi, il se fait juge souverain de notre situation et de nos ressources ; et quand il a tout bien vu et tout bien considéré, c'est-à-dire sans rien considérer ni rien voir, il nous lance cette poudre aux yeux sous forme d'héroïque proclamation :

« Chers concitoyens, aux exigences de l'étranger nous ne céderons ni *un pouce de notre terri-*

toire, ni *une pierre de nos forteresses* (ni un sou de notre trésor, devait-il ajouter pour mieux arrondir sa phrase) ; plutôt que de les céder, nous nous ferons tous tuer, tous autant que nous sommes jusqu'au dernier ! »

Et sur ce il fallut poursuivre cette guerre où nous attendaient sûrement la défaite et la mort... Mais au moins s'est-il fait immoler, lui, le grand proclamateur ? Oui, il s'est fait immoler comme se font d'habitude immoler les lâches qui se cachent, loin des coups de l'ennemi, derrière les remparts et les forts. Et c'est lui qui ose reprocher à des hommes mille fois plus courageux qu'il ne pourra jamais l'être de n'avoir pas offert leur poitrine aux balles et à la mitraille ! Lui, Thersite, voudrait-il par hasard insulter Achille ? Se croit-il en droit de dire à un bonapartiste qu'il n'a point osé se montrer devant l'ennemi, lorsque lui-même ou un autre lui-même, bien assuré contre les périls de la guerre, refusait à un bonapartiste le droit de combattre ?

Il n'a point combattu, notre grand Jules Favre...

Mais cela ne lui doit pas causer de peine : à défaut de son propre sang, n'a-t-il pas fait verser pour la patrie le sang de ses concitoyens ? N'a-t-il pas suffisamment élargi, étendu le *vaste cimetière* que lui prédisait un jour le maréchal Niel ? N'a-t-il pas coupé deux membres à la France pour les jeter sous la dent de la Prusse ? N'a-t-il pas fait tomber trois milliards de plus de notre trésor dans la bourse prussienne ? N'a-t-il pas mis en quelque sorte entre les mains de la Commune nos canons et nos fusils, la poudre et le pétrole ?

Ah ! lorsqu'il pense à toutes ses choses, comme son cœur lui doit jouer une belle fanfare ! comme sa pensée doit se revêtir de douces couleurs, de charme et de sérénité !

Aussi se montre-t-il au grand jour, fier du passé, heureux du présent, confiant dans l'avenir.

Il promène joyeusement sa honte à Paris ou à Versailles, à l'Assemblée nationale ou au Palais. Il exhibe son important et importun personnage, lui jadis si pur et si incorruptible, aux yeux de Sa Majesté l'Empereur du Brésil ; il s'apprêtait même, dit-on, à l'exhiber de rechef devant le Très-Haut et Très-Puissant roi de Cambodge, mais ce roi — craignant d'être médusé à cette vue — n'osa s'aventurer en France. Bien il fit ; s'il n'eût été médusé sur place, il était à craindre du moins que son sommeil fût troublé dès lors par d'horribles cauchemars. Voir, en effet un Jules Favre se dodelinant à l'aise dans son infamie, il y a de quoi bouleverser de fond en comble l'esprit et la raison de tout homme sensé.

C'est vraiment étrange qu'un être de cette sorte fasse parade de lui-même. Il faut qu'il soit dévoré d'une bien grande soif de popularité ! Il faut qu'il ait un monstrueux désir d'occuper le monde de ses faits et gestes, ou plutôt de ses méfaits, contorsions et grimaces ! Au lieu de se faire oublier, de s'envelopper d'ombre et de silence, de demander à la solitude son plus discret asile, il bat de la grosse caisse, appelle le monde autour de lui et joue le paillasse politique. Quelle pitié ! Il veut — malgré tout — avoir un nom et une place dans l'histoire de notre siècle. Certes, il l'aura, cette place, et il l'aura plus belle qu'il ne pense...

On se souviendra de la Révolution du 4 Septembre accomplie devant les Prussiens par lui et ses confrères ; on se souviendra de son entrevue avec M. de Bismark à Ferrières, de son attitude à Francfort ; on se souviendra de la falfisication qu'il a faite des actes de l'État civil, de son adultère, des outrages qu'il a répandus ou laissé répandre contre une honnête et courageuse Impératrice. On se souviendra *surtout* de la MORT DE CINQ MILLE JEUNES SOLDATS, des FATIGUES INOUIES DE TOUTE UNE ARMÉE, de la TENTATIVE DE SUICIDE DU PLUS BRAVE PEUT-ÊTRE DE NOS GÉNÉRAUX, toutes choses dont lui, Jules Favre, a été la seule et unique cause. N'avait-il point, en effet, OUBLIÉ de faire comprendre l'armée de Bourbaki parmi les armées que concernait l'armistice? N'avait-il point OUBLIÉ de faire informer Bourbaki de l'exclusion de l'armistice même de sa malheureuse armée ?

- Ce n'est que trop vrai, Maître Jules Favre vient d'avouer cet OUBLI devant la Commission d'Enquête du 4 Septembre ; à cet aveu, l'honorable président de la Commission, M. Daru, n'a pu retenir sur ses lèvres ce cri qui s'élevait du fond de son âme indignée : « *Criminel* ! »

Oui, Jules Favre est criminel ; et son dernier crime, la perte d'une armée, est digne de son premier, le renversement de l'Empire : il a mis le comble aux horreurs de sa vie !

— Voilà donc où pousse l'orgueil ! Voilà donc où peut conduire l'établissement à tout prix de la République ! On y sacrifie d'abord son repos et sa popularité, puis le bonheur et la grandeur de la patrie.

Je suis, certes ! à mille et mille lieues de penser que M. le président de la République en vienne là. Il me répugne fort, par conséquent, de croire aux paroles qu'il aurait dites un jour à M. Jules Ferry : « Je ne veux pas mourir sans avoir fondé la République, et je crois que j'en ai le temps. » Il serait immortel alors ; ce serait à souhaiter pour lui, non pour nous — ne lui en déplaise — surtout si sa République définitive valait, ce que je craindrais beaucoup, sa République provisoire... Peut-être serait-ce, sous cette République définitive, qu'il songerait à envoyer « ce pauvre Jules Favre » à une grande ambassade, comme il a envoyé « ce pauvre Ferry » à la légation d'Athènes. En tout cas, avant qu'un tel fait arrive, ce ne sera pas seulement le *sang de Laluyé* qui aura étouffé le « *criminel* » Jules Favre, ce sera encore et surtout le SANG VENGEUR DE CINQ MILLE DE NOS JEUNES SOLDATS !

LE MARÉCHAL VAILLANT.

Blois, le 6 juin (?) 1872.

Il y a trois jours, on faisait à Magenta l'inauguration solennelle d'un monument élevé à la mémoire des soldats morts sur ce champ de bataille ; en même temps une adresse, où s'étaient inscrits plus de deux mille signataires, était remise au duc de Magenta lui-même, au maréchal de Mac-Mahon.

Le même jour — jour fatal ! — mourait sur un lit de camp, comme meurt un guerrier, le maréchal Vaillant ; la triste nouvelle de la mort de ce frère d'armes fut apportée au duc de Magenta presqu'à l'instant même où il recevait l'adresse commémorative de l'un des plus beaux faits de sa vie...

Certes ! ç'a été une glorieuse existence que celle du maréchal Vaillant, soit qu'on l'examine au point de vue du soldat, soit qu'on la considère au point de vue du savant. D'un côté nous le voyons devenir tour-à-tour maréchal de camp, commandant de l'Ecole polytechnique, lieutenant-général, maréchal de France, ministre de la guerre, major-général de l'armée des Alpes, maréchal du palais et ministre de la maison de l'Empereur ; de l'autre côté, nous le trouvons membre de l'Académie des sciences, titulaire puis président du bureau des longitudes, traducteur remarquable d'un « Essai sur les principes et la construction des ponts militaires, » auteur d'un brillant « Rapport sur la situation de l'Algérie, » etc. La science pure et l'art militaire ont absorbé cette vie depuis sa lointaine aurore jusqu'à son coucher : combien y en a-t-il qui soient mieux remplies, plus méritantes, plus belles ?

Et pourtant si glorieuse qu'ait été la vie du maréchal Vaillant, que de tristesses et d'amertumes sont venues l'empoisonner !

Le maréchal, à ses débuts, fit la campagne de Russie et combattit avec un grand courage à Waterloo ; comme nous tous, mais lui vers ses derniers jours, il a profondément souffert de ces malheureuses défaites de Reischoffen et de Sedan, il a été deux fois comme frappé au cœur par le triomphe en France même de l'émeute du 4 septembre et par le règne à Paris de l'infernale Commune. Car il aimait son pays d'un exclusif amour ; jugez comme tous ces tristes événements ont dû ébranler ce vieux soldat que 82 ans n'avaient pu ébranler encore ! comme ils ont dû détruire sa fière et mâle énergie ! Pour un soldat de forte trempe, comme lui, les malheurs de la famille frappent mais ne brisent pas, les malheurs de la patrie brisent presque toujours.

Ce sont, en effet, les malheurs de la patrie qui l'ont brisé ; ce sont les cruautés que des patriotes d'apparence ont osé faire subir à ce vrai patriote qui l'ont mortellement atteint, fait fléchir et abattu... D'ignobles septembriseurs ne l'avaient-ils point arrêté à l'heure de son inspection des remparts de Paris ? N'avaient-ils point eu l'infamie de le traiter d'espion, la volonté criminelle de le mettre à mort ? Pouvait-il y avoir, dites-moi, pour un Français comme le maréchal quelque chose de plus douloureux, de plus amer que de se voir ainsi insulté et outragé par des Français ! C'est cela qui fait saigner l'âme et qui la tue, c'est cela qui pousse à livrer tout l'être même — cœur, esprit et corps — aux étreintes du désespoir... Ce n'était pas tout cependant ! Il fallait le comble (en restait-il un ?) à toutes ces douleurs: Gambetta jeta dans l'exil un maréchal de 80 ans ! Le maréchal eut beau protester et demander la prison plutôt que l'exil, il fallut obéir aux ordres du grand et magnanime dictateur !. . Dieu seul sait le profond chagrin qu'il ressentit de cette expatriation barbare ! Elle le conduisit à l'agonie...

Mais avant de mourir, il lui était réservé d'avoir un sujet de suprême tristesse ; il devait juger le maréchal Bazaine ! C'était donc là le dénouement de son existence militaire, le couronnement de sa longue et belle vie ! Etre le juge d'un camarade ! Lui, maréchal de l'Empire, juger un maréchal de l'Empire ! Lui, si loyal, avoir à décider de la loyauté d'un autre ou de sa déloyauté ! Lui, si courageux, avoir à décider de son courage ou de son manque de courage ?

Aurait-il pu supporter cette dernière épreuve ? Avait-il encore assez de force dans l'âme pour en endurer toutes les souffrances et toutes les angoisses? Cette horrible perspective l'a justement effrayé. Il a succombé à l'idée seule de cette peine ; il a voulu mourir ! Dieu lui a accordé cette grâce : il la lui devait.

Le maréchal Vaillant est mort comme il a vécu, sans peur et sans fanfaronnerie, modestement et tranquillement : c'était, comme l'indique si bien son nom, un *Vaillant* !

LE PARTI RÉPUBLICAIN
ET LE PARTI IMPÉRIALISTE

AUX ÉLECTIONS DU 9 JUIN.

Blois, le 17 mai 1872.

Le gouvernement de la République provisoire qui reculait toujours et toujours, on s'en souvient, les dernières élections partielles à l'Assemblée nationale... et pour cause (certains candidats avaient l'honneur de lui déplaire), vient de convoquer—cette fois-ci sans trop de retard — les élections de la Corse et de l'Yonne, du Nord et de la Somme, à l'effet de remplacer à l'Assemblée MM. de Conti et Javal, tous deux morts, pour les deux premiers départements, M. Deregnaucourt, candidat nul, pour le troisième, et M. Dauphin, démissionnaire, pour le dernier.

Quels vont être les nouveaux candidats? Quel parti les présentera? Lesquels triompheront des Républicains ou des Bonapartistes? Je dis seulement des Républicains ou des Bonapartistes, puisque c'est entre eux que doit se débattre — selon toute apparence — le problème de la destinée future de la France.

Ce sont les deux seuls partis qui aient une action manifeste et continue. A quoi, en effet, reconnaît-on l'existence d'un parti ? Un parti n'existe qu'à la condition qu'il agisse, qu'il soit franc dans ses prétentions, qu'il marche ouvertement et résolûment à son but. De même que le poëte a dit avec vérité :

« La foi qui n'agit pas, est-ce une foi sincère ? »

De même nous pouvons dire avec une égale vérité : Le parti qui n'agit pas, est-ce un vrai parti ?

Grâce à cette espèce de critérium, il est facile de s'assurer si tel ou tel parti sont des partis réels, s'ils existent véritablement aux yeux du pays. Ainsi je me demande si l'Orléanisme et la Légitimité constituent maintenant, à l'heure qu'il est, de vrais partis politiques ; et aussitôt se dresse devant moi cette interrogation : Agissent-ils comme des partis devraient agir ? Non ! ils n'agissent pas, non ! ils ne s'affirment par aucun acte.

Le parti légitimiste n'a osé tirer de son propre

sein, à tort ou à raison, ni un gouvernement définitif, ni même un gouvernement provisoire ; nous l'avons vu naguère hésiter bien longtemps à publier un manifeste, enfin se décider par faiblesse ou lassitude à ne point le publier.

Le parti orléaniste s'est-il montré plus fort, plus résolu, plus actif ? La Légitimité avait abdiqué à Bordeaux, l'Orléanisme a abdiqué à Versailles ; il ne sait même pas s'il doit s'attacher avec le duc d'Aumale à la République ou avec le comte de Paris à la Royauté !

Il résulte de là qu'il n'y a vraiment que deux partis qui soient en présence, qui agissent, qui se combattent incessamment et ne se donnent l'un à l'autre nul ménagement et nul repos ; c'est entre eux un duel à mort. Vous avez nommé déjà le parti républicain et le parti impérialiste.

Ces deux partis représentent deux principes contraires : l'un, le parti républicain, représente l'anarchie ; l'autre, le parti impérialiste, réprésente l'ordre. Leur sort, à tous deux, dépend du principe qu'ils personnifient et en qui ils nous semblent s'identifier. Le parti républicain est condamné dans son principe même : quel est donc le patriote de bons sens qui aiderait au triomphe de l'anarchie et des anarchistes ? Si ce n'était pas assez de ce principe pour le réduire à l'impuissance, il suffirait plus qu'amplement pour l'y réduire de l'incapacité, de l'incurie, de la sottise — couronnées d'orgueil ! — de ses principaux chefs. Quelles individualités d'une incontestable valeur pourrait-il opposer aux Rouher, aux Magne, aux Chasseloup-Laubat, à tous ces hommes si bien éprouvés par une longue et heureuse pratique des affaires ? Seraient-ce un Jules Favre, un Ernest Picard, un Magnin, un Simon-Suisse, un Ferry, ces infimes pygmées de la défense nationale, de l'administration, de la diplomatie ? Cette prétention me paraît impossible et ridicule. Et pourtant je n'en vois guère d'autres dans ce parti ! ils sont tous de cette mesure et de cette taille.

Ce serait se moquer de la France que de penser à remettre à sa tête de tels hommes ; elle a eu la patience, l'insigne patience de les supporter une fois, et elle entend bien ne plus l'avoir. Elle a payé trop cher, hélas ! sa légèreté d'un jour : désormais, nous en sommes sûrs, elle ne consultera que son bon sens et son intérêt.

Or, le parti bonapartiste s'adresse à son bon sens, à son intérêt bien entendu, tandis que le parti républicain tâche, par tous les efforts possibles, de soulever ses passions et de produire en elles une exaltation qu'il puisse exploiter. La preuve de ceci, c'est que les Impérialistes veulent loyalement l'appel au peuple, mais que les Républicains veulent — au mépris de tous les droits et de toutes les lois — le maintien de cette République qu'ils ont établie au mépris de toutes ces mêmes lois et de tous ces mêmes droits.

La justice, le bon droit et l'équité nous portent à croire que de ces deux partis, se sera certainement le parti impérialiste qui vaincra l'autre, qui saura conquérir les suffrages du pays et qui présidera, tôt ou tard, à sa destinée et à son avenir.

N'est-ce pas lui, déjà, qui a triomphé — lors des dernières élections partielles — dans la personne de MM. Rouher, Levert et Fouquet? Et cela, malgré l'opposition violente, quoique grossièrement dissimulée, de l'administration du gouvernement de la République provisoire! N'est-ce pas lui qui va triompher encore aux élections prochaines de la Corse, de la Somme, du Nord et de l'Yonne? La Corse, nous en sommes sûrs; la Somme, à peu près sûrs; le Nord, à moitié sûrs... Reste l'Yonne! Mais là se présente, dit-on, M. Clément Duvernois: quel serait, par hasard, le candidat que le pays préférerait à lui, lui qui avait noblement préparé l'alliance de l'Empire et de la liberté, lui qui amoncela les vivres dans Paris menacé du siége, lui qui donnait ainsi à la France le sûr moyen de se reconnaître devant l'ennemi et de pouvoir le repousser !

NÉCESSITÉ
DE L'APPEL AU PEUPLE.

Blois, le 24 mai 1872.

Décidément l'Orléanisme et la Légitimité sont bel et bien morts : aucun de ces partis n'ose produire de candidats aux élections du 9 juin à l'Assemblée nationale. La République de M. Thiers les a-t-elle pétrifiés ?

Mais, par contre, les candidats radicaux poussent aussi drus que les champignons, on en voit surgir de tous côtés : ici M. Bert, là M. Deregnaucourt, plus loin M. Barni, etc., etc. : Et la plupart de ces radicaux, qui doivent leur valeur et leur notoriété à la science, j'entends la science pure et non la politique, s'empressent de faire les plus doux yeux à nos bons ministres et leur passent mignonnement et doucettement sur le dos leur traître patte de velours ; comme à l'ordinaire, nos ministres ne manquent point de fermer les yeux sur la griffe et de prendre le plus voluptueux plaisir à sentir les charmes de la caresse. Aussi ne refuseront-ils pas leur appui à ces radicaux, ou s'ils n'osent les appuyer, ils les combattront avec une faiblesse telle qu'elle semblera cacher une secrète sympathie et qu'elle équivaudra pour nous à une lâche et coupable complaisance.

Ce n'est point de la part des impérialistes, certes! qu'il faut attendre ou espérer de pareilles accointances avec un gouvernement qui se laisse compromettre par les flatteries de gens suspects. Ils se respectent trop pour s'abaisser jusqu'à ce point. Ah! c'est qu'ils gardent au fond de leur âme, toujours pur et toujours intact, le sentiment de l'ordre, du droit et de la justice ; c'est qu'ils conservent leurs principes politiques dans toute leur rigueur, même au milieu des plus terribles événements, parce qu'ils savent que ces principes sont les seuls vrais, les seuls conformes à la raison!

Qui n'admirerait, par exemple, ces belles paroles de la profession de foi adressée aux électeurs de la Corse par M. Charles Abbattucci ?

« Je reste debout, » dit-il, « et plus ferme que jamais dans ma foi politique... Les événements qui se déroulent sous nos yeux depuis tantôt deux ans, loin d'ébranler mes convictions, les ont au contraire fortifiées.

« Je suis partisan résolu de l'appel au peuple.

« Pour relever les ruines de tout genre amoncelées par les auteurs de l'exécrable attentat du 4 Septembre, par ces hommes funestes qui n'ont pas craint de greffer une révolution sur une invasion; pour l'arracher à cet état d'anémie où la réduit une politique flottante, indécise, imprévoyante parce qu'elle se sait sans avenir, pour échapper aux étreintes des révolutions, il faut que la France, librement consultée, réponde librement sur la forme de gouvernement qui lui convient : elle seule est souveraine, elle seule a le droit absolu de fixer ses destinées. ».

Ces paroles, si pleines de noblesse et de franchise, sont dignes de M. Abattucci, cet homme magnanime qui, n'hésitant pas à sacrifier ses intérêts personnels aux intérêts de son parti, s'effaçait naguère avec tant de modestie et d'abnégation devant la grande personnalité de M. Rouher. Combien y a-t-il de Républicains ou de Radicaux capables d'un tel dévouement, d'un tel oubli de soi-même !

Oui, l'appel au peuple est un droit absolu et inaliénable ; il appartient en propre à la nation ; il est, comme le dit Cicéron, la chose même du peuple, *res populi*. Personne — en dehors de lui — ne peut l'exercer, à lui seul en est réservé l'exercice. Qui donc pourrait lui nier ce pouvoir, cette faculté de choisir lui-même, par voie directe, un gouvernement qui lui convienne, lui plaise et lui agrée ? Car c'est là pour lui une question capitale, essentielle, fondamentale, enfin une question de vie ou de mort, et le simple bon sens suffit à montrer que toute question qui touche à l'existence même et à l'avenir d'un peuple doit être tranchée par lui seul et directement.

Ce principe, on voudrait l'abolir ; on n'y parviendra jamais : il subsistera malgré tout et tous. MM. les membres de l'Assemblée nationale eux-mêmes ne pourront ni l'ébranler, ni le détruire ; il leur survivra. Ils ont voulu l'atteindre, à Bordeaux, en votant la déchéance de l'Empire, issu de lui, et ils veulent l'atteindre encore — et mortellement — par le vote réitéré de cette même déchéance. Mais tous leurs efforts se tourneront contre eux, parce qu'ils outrepassent leurs droits. L'impopularité les punit déjà de leur faute.

Le peuple a fait l'Empire, le peuple seul doit le défaire... s'il le veut !

Et voyez la force de ce principe de l'appel au peuple. Malgré tous ses efforts, malgré tous ses votes, l'Assemblée nationale ne peut ébranler l'Impérialisme ; l'Impérialisme résiste à toute attaque, et c'est précisément à partir du jour où l'on a essayé de le jeter à bas qu'il a commencé à grandir, à se développer, à embrasser le pays presque tout entier. Il n'existait pas alors, ou — s'il existait—c'était à l'état inconscient de germe : le voilà maintenant en pleine vie, et la seule ressource qui nous reste, c'est lui ! C'est lui, car il s'identifie avec l'appel au peuple..... Non ! ce n'est pas un vote de l'Assemblée nationale qui l'abattra, ce n'est pas un discours de messire Gambetta qui le rayera du monde, ce n'est pas un mot de M. Thiers qui le tuera : du peuple seul dépend sa vie ou sa mort.

Le but auquel doit tendre l'exercice de tous les droits politiques, c'est l'intérêt général, le bien de tous : or, s'il est un droit politique dont l'exercice doive tendre toujours et nécessairement à l'intérêt de la société civile tout entière, n'est-ce pas le droit de choisir la forme du gouvernement? Eh bien ! je vous le demande, l'exercice de ce droit par l'Assemblée nationale n'aurait-il pas pour résultat certain, sinon pour but, de favoriser un parti, le parti le plus fort ou le plus habile, et de viser à son seul intérêt et à son seul bien ?

Et puis l'exercice de ce droit par l'Assemblée

serait-il toléré, approuvé par tous? Il y a tout lieu d'en douter. C'est un droit évident, éclatant, incontestable, qui doit présider à l'origine et à la formation des gouvernements, surtout à une époque aussi troublée que la nôtre. Ce droit fait la force du gouvernement qui en dérive et qui s'y retrempe.

Il nous faut, à nous, un gouvernement fort, solide, inébranlable, un gouvernement que le vent révolutionnaire ne puisse emporter. Nous ne devons vouloir ni de la République actuelle de M. Thiers, ni de la République future qu'il nous réserve : l'une et l'autre sont bâties sur le sable. Faisons un pouvoir assez vigoureux, assez énergique pour faire respecter les lois; si ce pouvoir ne survient pas, les lois seront une lettre morte, et alors gare à la dissolution du pays !.... C'est donc l'appel au peuple qui est notre dernier refuge, notre suprême ressource ; c'est lui et lui seul qui peut sauver la France. Attachons-nous y comme à une planche de salut, cramponnons-nous y même, s'il le faut, et — grâce à sa puissance—au lieu de tomber, nous nous relèverons.

LA MORALE DES ÉLECTIONS.

Blois, le 14 juin 1872.

M. Thiers dit un jour à l'Empire : « Vous n'avez plus de fautes à commettre ! » Un député que le résultat des élections et les graves incidents de la séance du 10 juin eussent rempli de tristes et sombres pressentiments, aurait pu rétorquer en toute justice ses paroles d'autrefois à M. le président de la République provisoire. Plus d'un membre dans l'Assemblée, plus d'un citoyen dans le pays se serait associé à l'expression de ce juste reproche, à cet acte de patriotisme et d'équité.

Non ! disons bien haut ce que nous disions tout bas, puisqu'il le faut, non ! *M. le président de la République n'a plus de fautes à commettre.*

Jetons les yeux tout autour de nous : tout branle, tout craque à nos côtés ; rien n'est sûr, le sol tremble sous nos pas, et le moindre coup de vent révolutionnaire nous emporterait comme une paille. N'est-ce point là l'œuvre du provisoire? Le commerce périt, l'industrie tombe, la Bourse ne va plus et les bulletiniers financiers en sont réduits à composer des bulletins à roman. N'est-ce point là l'œuvre du provisoire? La société se décompose, la patrie n'a l'air d'exister que de nom, l'Assemblée nationale se divise de plus en plus et le gouvernement dit de la République pose, presque chaque jour, la question de cabinet. N'est-ce point là l'œuvre du provisoire ?

Or, le provisoire, c'est M. Thiers. Et tant que M. Thiers sera le président de la République, ne croyez pas que les affaires iront mieux, ne croyez pas que le calme reviendra, ne croyez pas que la France pourra se relever : sous le régime qu'il semble devoir éterniser, tout est fatalement condamné, oui, tout est condamné d'avance à rester dans l'état actuel, et quel état ! ou à périr. Belle perspective, en vérité, où il n'y a pas même une place pour l'espérance !...

Aussi voyez : voilà trois de nos plus beaux et plus riches départements qui devaient élire chacun un député, l'Yonne, la Somme et le Nord. Leur patriotisme et leur intérêt exigeaient qu'ils choisissent les candidats de l'ordre, les candidats conservateurs ! Mais c'était trop peu des conservateurs ! Il leur fallait des radicaux du plus beau rouge, des radicaux comme un Jules Barni, cet ex-collègue des communards au congrès de Berne...

Que voulez-vous! tout ce qui s'est passé pendant ces deux longues années a fait sortir le peuple et de sa prudence et de son bon sens. Les impudentes paroles des Gambetta et Cie ont bouleversé en lui les saines notions du droit, de la morale et de la justice ; le provisoire de M. Thiers achève aujourd'hui cette œuvre de bouleversement. En effet, par ses hésitations trop visibles dans la voie de l'ordre, par les sympathies secrètes et néanmoins trop évidentes qu'il a eues et qu'il a encore pour les Quatre-Septembriseurs et peut-être même pour les Communards, par les mollesses qu'il montre à l'égard des gens de désordre—à l'égard surtout de ceux qui sont sous ses ordres directs, immédiats, — par tout cela (et n'y a-t-il point encore quelque autre chose?) il est parvenu à jeter d'innombrables germes de démoralisation jusqu'au milieu de la société, au sein même du pays.

Cette démoralisation se révèle de toutes parts par des manifestations éclatantes. Je ne veux pas en fournir toutes les preuves, car je ne suffirais point à une pareille tâche : il me faudrait trop d'espace et trop de temps. Je me borne à signaler l'incident Thourel, l'incident Andrieux, l'incident Varambon ; les articles infâmes du *Journal des Débats* sur le regret de l'une de nos plus belles victoires, de la victoire de Magenta ; la destruction de la statue de M. Billault, à Nantes, et à Grenoble le projet de renversement de la statue de Bayard, le chevalier sans peur et sans reproches... Qu'on me permette de ne pas aller plus loin ; ces affreux signes d'une démoralisation si générale m'écœurent et me font saigner l'âme !

Ah ! ils ne font point saigner l'âme à Messieurs du *Bien public*, du *National*, du *Siècle*, du *Journal des Débats ;* ils ne font point saigner l'âme à M. Barthélemy-Saint-Hilaire, que les triomphes du radicalisme trouvent de plus en plus radieux... Ne feraient-ils point saigner l'âme à M. le président de la République ? Je n'ose le croire, mais je constate que ses amis, interprètes et confidents, se montrent tous ravis d'un tel spectacle...

Certes ! à la vue de la plaie révolutionnaire qui ronge notre pauvre pays, il est bon de voir au moins dans la presse deux partis qui résistent au mal et qui se donnent la main pour mieux en conjurer les périls. Courage donc à la Légitimité, courage au Bonapartisme ! Qu'ils essayent ensemble de sauvegarder ce qui reste de la morale publique et de tirer la France — puisque le gouvernement de la République ne s'en soucie guère — de ce gouffre immonde où la révolution l'entraîne et menace de la jeter.

LE RADICALISME ET L'IMPÉRIALISME.

Blois, le 16 juin 1872.

La France a-t-elle oublié déjà l'histoire du 4 septembre et du 18 mars? A-t-elle oublié ce que cette histoire lui offre de funestes exemples, d'avertissements frappants et de terribles enseignements? N'a-t-elle donc plus d'oreilles, n'a-t-elle plus d'yeux que pour les radicaux, c'est-à-dire pour ceux qui veulent sa ruine et sa mort? Désire-t-elle le règne du désordre, de l'agitation, de l'anarchie? Enfin aime-t-elle mieux aller à sa perte qu'à son salut?

Dieu sait si je voudrais me faire là-dessus quelque illusion! s'il me serait doux de croire à une situation riante, à un état pur et calme des esprits? Mais quelque effort que je fasse, je ne vois et ne puis voir que la réalité dans toute sa nudité effrayante...

Ah! j'ai bien peur que la Révolution nous

dévore ; j'en ai peur surtout, lorsque je pense qu'il n'y a guère qu'un seul parti qui ait le courage et la volonté ferme de la combattre.

Ce parti, c'est le parti impérialiste. En combattant ainsi, il accomplit un devoir nécessaire, il obéit à sa loi. Il est l'appel au peuple : il doit donc lutter contre toutes tentatives de violation contre le suffrage universel ; il est l'ordre absolu : il doit donc s'opposer énergiquement au développement des idées radicales et aux essais de désordre absolu qui en sont la conséquence toute naturelle.

Jusqu'à ce jour, pour exécuter une pareille tâche, il a dû compter sur lui seul et sur sa seule énergie. Et encore cette énergie a-t-elle été entravée par celui-là même qui eût dû l'encourager et la raviver, par le gouvernement ! Mais les efforts de ce parti, quoique isolés et entravés, ont obtenu un éclatant résultat : ils ont montré d'abord que les idées d'ordre sont encore vivantes, ensuite qu'il existe un parti — c'est lui ! — qui est résolu à combattre à outrance le radicalisme et qui est capable avec le temps de le terrasser.

Dans les élections du 9 juin, on l'a vu lutter seul contre lui ; il a eu une minorité imposante. S'il y avait eu complète liberté, si le gouvernement était resté neutre, qui sait s'il n'eût pas triomphé ? Lui seul, par conséquent, peut combattre avec succès la République des radicaux.

Et qui donc pourrait mieux que lui la combattre ? Est-ce la Légitimité ? Elle a eu l'intention de la combattre, elle n'en a point eu la force ni le pouvoir; elle est obligée de recourir à l'aide de l'Impérialisme : cela prouve son désintéressement et son patriotisme, mais cela prouve aussi sa faiblesse et son impuissance. Est-ce l'Orléanisme ? Il ne se montre pas, il n'agit pas, il ne lutte pas ; existe-t-il seulement ? Est-ce la République modérée ? On ne sait que trop qu'elle donne la main, d'une manière dissimulée si l'on veut, à la République rouge ; ce n'est peut-être point sa sœur, mais elle a certainement avec elle un lien de parenté assez étroit... ne lui serait-elle pas comme sa cousine ? car la République modérée ou la République radicale, c'est toujours la République, avec quelques nuances différentes, c'est vrai, mais avec le même nom et avec un fonds d'idées commun.

Il n'y a donc, on le voit, que l'Impérialisme qui soit assez déterminé, assez vigoureux, assez fort pour lutter contre le radicalisme. Il peut — je le crois — le vaincre à lui seul, sans secours étranger, sans l'aide d'aucun parti. Mais comme il ne poursuit que l'intérêt de la France, comme il ne veut que son salut, comme il se désintéresse entièrement dans son œuvre patriotique — différant en cela de la République modérée et de l'Orléanisme — il accepte avec plaisir, avec joie le concours de tous, et par exemple le concours des bons légitimistes. Grâce à cette loyale union, il s'attachera plus ardemment encore, s'il est possible, à faire disparaître les divisions qui détruisent la force du pays, à résister à toute espèce de courant républicain, parce qu'il sait que la République est contraire non-seulement à la tradition de la France, non-seulement à son esprit, à son caractère, à ses mœurs, mais surtout à sa prospérité et à sa grandeur.

Que le pays le sache et s'en souvienne : Le radicalisme, c'est la ruine totale, complète, irrémédiable ; l'Impérialisme, c'est sa sécurité et son salut !

M. THIERS D'AUTREFOIS

ET M. THIERS D'AUJOURD'HUI.

Blois, le 9 juin 1872.

En 1866, M. le Président de la République provisoire — qui n'était alors que l'un des chefs de l'opposition — prononçait, dans une mémorable séance du Corps législatif, un de ses plus nets et plus éloquents discours ; il y analysait avec une sagacité merveilleuse l'œuvre de la Révolution française. Cette œuvre, disait-il, avait eu deux buts : l'un social, l'autre politique. Puis après avoir développé les conséquences qui se rattachent au but social, il faisait sortir du but politique les déductions les plus justes et les plus naturelles.

Ce dernier but, selon sa judicieuse observation, c'était de « placer la France sous une *monarchie* où non-seulement on écoutât l'avis du pays, mais où l'on fût obligé de s'y conformer. » Et il ajoutait encore : « La Révolution française a voulu rendre les Français égaux et libres, en *fondant leur gouvernement sur le grand principe de la souveraineté nationale*... La constitution de 1791 a été emportée par les événements ; mais quelque chose reste et restera éternellement, c'est le but, et ce but c'est *la souveraineté effective de l'opinion publique* »... Paroles dignes, en vérité, de celui qu'on a pu appeler le génie du Bon Sens, comme l'on appelle Voltaire le génie de l'Esprit, ou Descartes le génie de la Raison. Mais doit-on penser aujourd'hui, en Juin 1872, que s'il est le génie du Bon Sens, il ne le soit qu'à certaines heures... aux heures de la ferveur de son patriotisme ? Doit-on penser encore que si ces paroles sont dignes de lui, lui ne soit plus digne de les prononcer ? Car il semble les renier maintenant, non-seulement par ses paroles mêmes, mais encore par ses actes.

Il n'invoque plus, en effet, la souveraineté de la nation : en quel temps néanmoins pourrait-on mieux l'invoquer ? S'il invoque encore une souveraineté, c'est peut-être celle de l'Assemblée, c'est assurément — avec ou sans celle de l'Assemblée — la sienne propre... la souveraineté de M. Thiers !

Il y a longtemps qu'il la guettait, cette souveraineté si décevante ; il n'a point manqué de la saisir au passage avec quelle habileté, nous le savons... Le voilà donc qui tranche du souverain ! Il paraît que cela lui plaît ; il va chercher, ne le cherche-t-il point déjà ? à faire durer « son bon plaisir » le plus longtemps possible.

Dans ses confidences aux hommes du 4 Septembre, qui restent malgré tout ses favoris, dans les lettres qu'il inspire à ce bon M. Barthélémy Saint-Hilaire, ne trouve-t-on pas formulée de la façon la plus nette et la plus claire — si peu qu'on veuille dégager la pensée de ses tours nuageux — son espérance ou plutôt sa certitude d'établir tôt ou tard, de fonder en France la République ? Tous ses efforts tendent là... N'y a-t-il point lieu de craindre, vu son habileté immense et sa tenace volonté, qu'il réussisse à la fin ?

Voilà comme il entend, depuis qu'il tient le pouvoir, depuis qu'il est M. le Président de la République française, le *grand principe de la Souveraineté Nationale !* S'il eût mis en pratique ses propres paroles, s'il se fût conformé à leurs prescriptions évidentes, il serait peut-être aujourd'hui le plus grand patriote du monde ; mais hélas ! il s'est abusé, il s'est enivré du pouvoir, il s'est perdu dans les mesquineries et dans les expédients les plus misérables : il a voulu enfin, selon le proverbe vulgaire, ménager à la fois la chèvre et le chou, il a voulu ne trop pencher ni à droite ni à gauche, lorsqu'il fallait penser au seul salut de la France et poursuivre résolûment ses seuls intérêts ! Oui, M. Thiers, qui respectait tant en paroles la souveraineté du peuple, ne la respecte guère dans ses actes ; le respect d'autrefois s'est changé en indifférence... sinon en autre chose. Il ne songe plus au grand principe qu'il proclamait jadis avec tant d'éclat, il ne songe tout au plus qu'à garder auprès de lui avec leur portefeuille de ministre ou à élever à de hautes fonctions diplomatiques les hommes qui ont osé violer si impudemment devant lui ce même grand principe, tels qu'un Jules Simon, un Picard, un Ferry !...

Y a-t-il donc décidément une politique à l'usage des gens parvenus au pouvoir, toute différente de la politique que ces gens-là professaient comme simples citoyens ? Je n'eusse pas cru que M. Thiers dût, lui aussi, en arriver à ce point ;

je lui croyais pour cela trop peu d'attachement à ses intérêts, trop de pur et vrai patriotisme. C'est une illusion de plus qui s'évanouit, c'est un nouvel exemple à ajouter à tous ceux qui ont enrichi l'histoire de tous les temps !

M. Thiers, qui détourne en quelque sorte à son profit le principe même de la souveraineté nationale, ne semble pas disposé le moins du monde à consentir à l'exercice plus ou moins prochain de cette souveraineté : il repousse pour un long temps l'appel au peuple, s'il ne le rejette point tout à fait.

Il n'y a cependant que l'appel au peuple le plus immédiat qui puisse sauver la France ; ce n'est point l'Assemblée, quoi qu'elle dise, qui parviendra à la sauver, ce n'est pas plus M. Thiers lui-même.

Si l'Assemblée ou lui, si même l'un ou l'autre voulaient établir, s'ils établissaient une forme définitive de gouvernement, qui sait si — dès le lendemain — n'éclaterait pas une guerre civile ? La France, en choisissant le gouvernement qu'elle veut, ôterait par là tout motif à une lutte quelconque des partis. Les divisions qui se sont produites en si grand nombre au sein de l'Assemblée nationale ont détruit la représentation réelle de cette

Assemblée; en outre, le temps qui s'est écoulé depuis les élections a fait perdre presque toute valeur à cette représentation. Faut-il le dire aussi? l'Assemblée ne sait guère au juste ce qu'elle veut, je parle ici — bien entendu — de sa partie vraiment bonne et saine, car le reste sait trop bien ce qu'il veut !

Et croyez-vous que le pays, tel qu'il est, ne serait pas mille fois plus attaché à la forme de gouvernement qu'il aurait établie lui-même qu'il ne le serait à celle qu'aurait instituée quelques députés? Le gouvernement, établi par lui, serait évidemment, par une réciprocité toute naturelle, beaucoup plus attaché aux intérêts généraux du pays qu'il ne le pourrait jamais être dans le cas où il devrait son établissement à un petit nombre de citoyens. Alors l'attachement irait droit du pays au gouvernement et du gouvernement au pays, sans aucun intermédiaire qui vînt le relâcher ou l'atténuer. L'un et l'autre en auraient plus de force.

J'affirme qu'aujourd'hui plus qu'en n'importe quel autre temps la nation doit fixer par elle-même la forme de son gouvernement, pour montrer que c'est d'elle seule qu'elle doit naitre et que c'est par elle seule aussi qu'elle doit disparaître ; elle le doit surtout après le 4 Septembre et le 18 Mars : c'est une revanche nécessaire pour elle contre l'arbitraire républicain et contre la spoliation de droits qui lui appartiennent exclusivement. Elle sait ses intérêts mieux que personne et elle agira d'après eux. « Si elle se trompe », comme le dit Machiavel, « elle se trompe moins qu'un homme », fût-il M. Thiers ; elle se trompe moins que plusieurs hommes, fussent-ils Messieurs nos représentants. Aussi, dirons-nous avec M. de Tocqueville, que la majorité puisse se tromper quelquefois, c'est ce que personne ne nie ; mais on pense que nécessairement, à la longue, elle a raison, qu'elle est non-seulement le juge de ses intérêts, mais encore le juge le plus sûr et le plus infaillible.

Que M. Thiers daigne se souvenir de la citation qu'il faisait en 1866 de la phrase de Machiavel et de son sens le plus général ; qu'il se souvienne encore et tout particulièrement de la définition qu'il donnait alors de la vraie liberté politique, de cette vraie liberté politique qu'il ne devrait plus retarder ou escamoter au profit de la République, de cette *vraie liberté politique* qui — suivant lui et suivant le bon sens — est celle qui *met une nation en pleine possession de ses desti-*

nées ! Mais s'il continue à être infidèle à ses paroles et aux vieilles maximes de sa vie, nous n'aurons que trop raison de lui adresser sous forme de reproche le vers piquant du poëte :

.. *Quantùm mutatus ab illo !*

TROP ET TROP PEU DE LIBERTÉ.

Blois, le 19 juin 1877.

Est-il encore quelqu'un qui puisse estimer la République comme le règne de la justice, de l'équité et de la morale, comme le règne de la vraie liberté ? Si cet heureux mortel existe, je crois vraiment qu'il doit être quelque peu ébranlé dans sa croyance ; pour en arriver là, il ne lui aura suffi que de deux ou trois minutes d'une franche et bonne réflexion.

Que lui importe la République considérée comme idéal de gouvernement, si la plupart des Républicains — sinon la totalité — ne se conforment pas aux exigences de cet idéal, si aucun d'eux ne peut l'atteindre et en faire bénéficier ses concitoyens ? Que lui importe le mot, s'il n'a point la chose et ne l'aura jamais ?

La République c'est un fruit d'une belle et superbe apparence, mais l'écorce enlevée, ce n'est plus rien...

Depuis longtemps on nous parle de la République, de sa nécessité, de ses services, de ses grandeurs ! Qu'a-t-elle donc produit — depuis que nous l'avons — pour justifier les magnifiques éloges de ses admirateurs, pour donner gain de cause à ses avocats ? Elle a produit, écoutez bien, elle a produit l'état où nous sommes : état de stérilité, état de stagnation, état de néant ! Ses soutiens d'autrefois, on connaît leur sottise ou leur déshonneur ; ses soutiens d'aujourd'hui, on apprend de jour en jour à mieux connaître et leurs folles prétentions et leur incapacité et leur arbitraire. Ce qu'elle a favorisé jusqu'ici d'une manière constante et manifeste, c'est, avant toutes choses, le débit sous toutes les formes de la calomnie, de l'injure et de l'outrage.

Oui, elle favorise la calomnie et l'insulte ; par contre, elle paralyse toute défense et toute revendication. Des faveurs spéciales sont attachées à tout ce qui attaque les hommes et les faits de l'Empire. Aux républicains de toute nuance et aux monarchistes tièdes ou indifférents, la liberté est donnée, prodiguée jusqu'à la licence ; aux partisans de l'appel au peuple ou d'une prompte et loyale solution, elle est refusée jusqu'à l'injustice.

Le discours sur les marchés de M. d'Audiffret

des ducs Pasquier — malgré toutes ses erreurs reconnues enfin par le président de la République — excite un enthousiasme effréné, délirant, et obtient d'emblée l'affichage dans toutes les communes de France ; mais l'éloquente réplique de M. Rouher, toute bardée de forts arguments et de chiffres inattaquables, est reçue avec peine et à peine : on n'a garde de lui donner le droit d'affichage, on lui retire jusqu'au droit de vente sur la voie publique.

Il est permis aux brochures républicaines, aux pamphlets révolutionnaires de s'étaler à toutes les vitrines de toutes les librairies de toutes les villes de France et de Navarre ; défense rigoureuse est faite à d'humbles livres politiques, prévoyants et sensés, comme le livre « *Si Thiers mourait*, » de montrer même leur couverture et leur titre aux yeux des acheteurs.

Le *Radical*, le *Rappel*, le *Siècle* et autres journaux de teinte communarde peuvent se composer et s'imprimer à l'aise, et à l'aise aussi se vendre comme ils veulent... Gare au *Gaulois* ! Gare à l'*Armée* ! Gare à l'*Étoile* ! La suspension ou l'interdiction les guette à chaque page, à chaque ligne, à chaque mot. Gare au *Paris-Journal* ! Gare au *Figaro* ! Qu'ils mettent une sourdine à leur voix et qu'ils atténuent l'énergie de leur appel à l'ordre, à la justice et à l'union !

Caricaturistes du parti de l'ordre, craignez la censure ou l'amende... Sachez que le gouvernement de la République vous interdit toute charge contre la Révolution, contre ses œuvres et ses hommes ; il n'y a que les gens d'ordre, leurs actions, leurs idées que vous puissiez ridiculiser librement et insolemment : tout le reste est sacré.

Donc libre à vous, dessinateur de l'*Éclipse*, de représenter votre fameux colonel Denfert, moustache fièrement relevée, képi à cinq galons sur le côté de la tête, le sourire du mépris aux lèvres, jetant ainsi un coup de pied dans les basques d'un habit d'invalide ! Votre insulte honore celui à qui elle s'adresse ; de plus, elle se retourne contre vous et contre votre héros. Vous et Denfert (qui a dû avant la publication voir et approuver cette charge), vous avez voulu outrager un général de 80 ans, qui a aidé activement à la conquête de la plus belle de nos colonies, qui étouffa dans son germe une guerre civile, qui sait oublier ses rancunes à l'heure des combats, et qui va partager à son âge les périls et le pain de paille de malheureux assiégés. L'outrage ne revient-il pas vous frapper en pleine poitrine ?

Qui êtes-vous donc pour injurier un vieux général, plein d'honneur et d'honnêteté? Qui êtes-vous donc pour insulter avec ce glorieux général, en qui vous la personnifiez avec raison, toute notre vieille armée, l'armée d'Afrique, de Crimée et d'Italie ? Vous êtes sans reproche sans doute ! Vous, dessinateur, croyez-vous par hasard que votre misérable crayon vaille quelque chose à côté de la grande et noble épée du général Changarnier ? Et vous, colonel, vos états de service sont-ils plus honorables et plus beaux que ceux du général que vous insultez pour la seconde fois ? S'est-il caché comme vous, vous *le marquis de casemate*, dans quelque profond asile aux embrasures blindées à l'épreuve des bombes ? Vos officiers vous y ont vu, ils le disent. Cachez-vous donc et taisez-vous.

Voilà les actes que tolère la République ! Voilà la belle liberté qu'elle nous donne : allongée du pied gauche, écourtée du pied droit ! La République boite autant que sa fille la Liberté. A quand sa chute ?

LE CALME

AU SEIN DE LA TEMPÊTE.

Blois, le 20 juin 1872.

La discussion de la loi militaire poursuit son cours presque sans trouble et sans agitation; toute une série d'articles a passé comme une lettre à la poste. Une fois seulement, M. le président de la République — par habitude sans doute — s'est mis à gronder, et peu s'en est fallu, ma foi! qu'il fit sortir de sa poche la *Question de Cabinet*. Mais l'effroi naissant de l'Assemblée l'a désarmé; il a eu pitié d'elle, et il s'est contenté pour lors de lui administrer une toute petite chiquenaude. La paix règne seule aujourd'hui... ou semble régner: l'aride matière des engagements et rengagements refroidit un peu l'ardeur des partis.

La paix règne seule, disons-nous, ou *semble régner*. Et, vraiment, tout ne nous porte-t-il pas à croire qu'elle semble régner plutôt qu'elle ne règne ? Cette prétendue paix n'existe-t-elle point qu'à la surface des choses ? Ne cache-t-elle pas quelque conflit ? N'est-ce point là — dites-le — la paix qui précède l'orage, et cet orage ne s'annonce-t-il pas d'autant plus fort et plus violent que cette paix paraît plus profonde ?

On a beau vouloir se le dissimuler, il n'est que trop vrai que nous approchons de l'orage, que nous touchons à une crise. Le signe qui le révèle, c'est la manœuvre qu'exécutent depuis dix jours les partis de l'Assemblée. Et pourquoi cette manœuvre ? Pour s'entendre, s'il est possible, pour s'unir et trouver une échappatoire aux piéges de M. le président, une issue aux incertitudes de l'avenir.

Car chacun, dans l'Assemblée ou le pays, en est venu enfin à se demander jusqu'où l'appui que M. Thiers prête aux radicaux doit nécessairement le conduire, lui et les siens, puis nous-mêmes. Ne voit-il donc pas que l'instant fatal approche où il ne satisfera plus, où il ne pourra plus satisfaire aux désirs, aux convoitises, aux volontés de la radicaille ? Alors force lui sera de disparaître pour faire place à ses protégés... Oui certes ! lui qui parle tant de sa démission, et qui n'en parle tant peut-être que parce qu'il lui répugne de la donner, ne se verra-t-il pas contraint, réduit — une fois le parti radical en force — à la donner enfin ! Et ne sait-il prévoir ce qu'il surviendrait en ce cas de troubles, d'agitations et de désordres de toute espèce ? Les audacieux qu'il favorise ne triompheraient-ils pas ? Or, leur triomphe, c'est la ruine même du pays.

A cette sombre perspective, savez-vous ce que l'Assemblée nationale enfante d'ingénieux projets, ce qu'elle tente d'efforts énergiques ? Elle tourne les yeux vers le duc d'Aumale, elle songe à composer un nouveau ministère, elle désire nommer à la fois président du conseil des ministres et ministre de l'intérieur le grand, le sublime duc d'Audiffret-Pasquier ! Mais que M. Thiers lui jette un seul regard, un seul mot, une seule menace, et de tous ces rêves que restera-t-il ? Rien !

C'est que, voyez-vous, le provisoire est impuissant de sa nature, et que tout ce qui vit par lui et de lui participe de cette impuissance. D'une part, M. le président de la République se laisse circonvenir par les radicaux ; d'autre part, Messieurs de l'Assemblée nationale flottent au gré de M. le président. Tous est pour le pis dans le pire des mondes.

Pour sortir de cette *souricière*, pour échapper à un tel état, à ses effets désastreux et à ses terribles conséquences, nous ne pouvons invoquer que l'infaillible principe de l'appel au peuple : car de lui seul peuvent venir le rétablissement et le raffermissement de toutes choses.

M. THIERS ET L'IMPÉRIALISME.

Blois, 22 juin 1872.

La République provisoire — sous laquelle nous avons l'insigne joie de vivoter — est si vigoureuse, si puissante qu'elle produit même, ô prodige ! des effets tout contraires. C'est elle qui a fait de M. le duc d'Audiffret des ducs Pasquier, naguère encore grand monarchiste, un républicain ardent ; c'est elle qui a poussé M. Simon-Suisse, par je ne sais quelle mystérieuse insinuation, à renier ses idées républicaines pour le faire devenir un pur et vrai monarchiste... N'est-ce pas elle encore qui, enlevant au cœur de M. Thiers son vieil attachement à la monarchie, a mis tout à coup à sa place la plus chaude amitié pour la République ?

Depuis longtemps, il est vrai, nous avions un tout mince et tout léger soupçon que l'amour des théories monarchiques dût se refroidir en

M. Thiers. L'ambition se joue avec tant d'adresse et des sentiments et des pensées de nos hommes politiques ! Et puis M. le Président de la République française ne devait-il pas cela à la République ? Pourquoi donc n'aurait-il point sacrifié — tout comme les autres — au pouvoir et aux grandeurs ?

Du haut de son *trône* de Président, il assiste au plus beau spectacle qui ait jamais été donné à un roi de contempler : le spectacle d'un grand peuple qui tombe lorsqu'il n'a besoin que d'un mot pour redevenir lui-même.

Ce mot sauveur, il ne tient qu'à lui de le dire, non dans un temps lointain, mais en ce jour même, à cette heure même, à cette minute même... Appel au peuple ! Tout est là : le calme, l'ordre, la paix, la grandeur, la prospérité. Mais dira-t-il ce mot, cette parole de salut ?

Le dira-t-il ? Non, il ne le dira pas, car s'il le disait, ce serait consentir à sa propre retraite, ce serait se dépouiller de sa haute souveraineté... et il y tient trop ! Ce serait surtout — d'après lui — donner l'occasion la plus favorable à l'avènement et au triomphe de l'Impérialisme.

L'Impérialisme ! ah ! c'est là son éternel cauchemar, c'est là son implacable tourment de nuit et de jour, c'est là l'épouvante de toutes ses pensées!... L'Impérialisme ! voilà ce qu'il cherche à ébranler, ce qu'il veut détruire à tout prix... L'Impérialisme ! mais plutôt la mort, plutôt la radicaille et — s'il le faut — plutôt la Commune !

Jusqu'où allez-vous donc, Monsieur le Président, jusqu'où allez-vous dans votre inimitié, dans vos désirs de vengeance, dans vos prétentions si haineuses contre un parti qui vous respecte et qui vous combat avec courtoisie et loyauté? Tout beau, arrêtez-vous : songez que vous êtes l'incarnation vivante du provisoire, tandis que l'Impérialisme, lui, est la personnification la plus réelle du définitif ! Et qu'est-ce que le provisoire en face du définitif?

Quoi que fasse et quoi que dise M. Thiers, le provisoire s'écroulera bientôt, emporté sans doute par le radicalisme ou par l'Impérialisme : par le radicalisme, si l'*on* donne la République au pays; par l'Impérialisme, si le pays *se* donne à la monarchie. Dans cette double hypothèse, soyez sûrs que l'un ou l'autre viendra naturellement, le premier par la force des choses, le second par la volonté du peuple.

Entre ces deux solutions qui se posent de jour en jour avec plus d'évidence et de netteté, M. le président de la République n'hésite pas : il préfère le radicalisme à l'Impérialisme. Il l'a montré lors des dernières élections à l'Assemblée nationale, il vient de le déclarer à Messieurs les délégués du centre droit.

Assurément, le pays ne saurait hésiter plus que M. Thiers ; mais son choix, nous en sommes certains, serait bien différent : ne préfèrerait-il point au carnage et au pétrole de la radicaille, le bien-être et la sécurité de l'Empire ?

Louis XV, de sinistre mémoire, disait : « Après moi le déluge ! » Que M. Thiers prenne garde que la postérité croie qu'il ait pu dire : « Après moi les radicaux ! »

LE VANDALISME

RÉVOLUTIONNAIRE.

Blois, le 27 juin 1872.

Nous voilà bientôt en plein vandalisme révolutionnaire. La haine contre les opinions et les *idées* d'autrui ne suffit plus à Messieurs les radicaux ; la haine contre les *personnes* a commencé à ne plus leur suffire. Aujourd'hui, ils sentent le besoin d'exercer leur haine même contre les *choses*.

Il est vrai qu'ils suivent la glorieuse tradition du 4 Septembre, si bien continuée par le 18 Mars. En cela ils sont dans la logique des événements.

Les hommes du 4 Septembre, au lieu de se vouer à la défense nationale, s'amusaient à effacer les initiales et les aigles de l'Empire, passaient le temps à graver partout la fameuse devise républicaine : « Liberté, Égalité, Fraternité, » qui ne signifia rien moins que ce qu'elle semblait dire et qui ne fit tout au plus que noircir le frontispice de nos monuments... Sur ces entrefaites arriva la Commune, et avec elle le « déboulonnement » de la colonne Vendôme, la destruction des édifices publics, l'incendie au pétrole du Louvre, des Tuileries, de l'Hôtel-de-Ville, etc.

Tout cela, évidemment, a dû produire sur l'esprit de nombreux républicains, devenus depuis lors quelque peu radicaux, une agréable et douce impression. Et maintenant ce beau souvenir se réveille en eux avec vivacité ; ils se laissent aller à son charme, puis peu à peu le souvenir se transforme et devient d'une simple réminiscence une conception à eux, une idée originale.

C'est ainsi qu'à l'exemple des Septembriseurs qui brisaient les statues Impériales, et des Communeux qui jetaient à bas la statue du grand vainqueur de la Prusse, ils en viennent aussi à vouloir détruire toutes nos plus glorieuses statues.

Il y a quelques jours à peine, ils enlevaient — à Nantes — la statue d'un homme du plus grand talent, de M. Billault lui-même ; ils l'enlevaient, notez bien ce fait aggravant, ils l'enlevaient en violant avec audace la propriété de ses souscripteurs.

Ils n'ont garde de s'arrêter en si bon chemin... Hier, ils voulaient abattre — à Grenoble — la statue de Bayard, le chevalier sans peur et sans reproche, l'héroïque guerrier ; aujourd'hui, c'est la statue du plus dévoué prélat, de Belzunce, qu'ils veulent renverser à Marseille. Demain, ce sera le tour d'une autre ; après demain, celui d'une autre encore...

Mais qu'est-ce donc qui les pousse jusque-là ? Ce qui les y pousse, mais c'est la haine la plus féroce, la plus stupide contre tout ce qui est beau, noble et grand ! Ce qui les y pousse, c'est une haine implacable contre le dévouement, contre le talent, contre le pur et vrai patriotisme ! Ce qui les y pousse, entendez-vous, c'est une haine à mort contre les grands corps de l'Etat, contre l'Armée, la Magistrature, le Clergé !

Cette haine aveugle, atroce, infernale, dégoûte et révolte. Si l'on n'avait profondément foi à la patrie, il y aurait lieu, certes ! de désespérer d'elle et de son avenir.

Cependant — ô monstruosité ! — quelque épouvantable que soit leur haine, les radicaux vont jusqu'à l'étaler au grand jour, jusqu'à l'afficher. Devant un tel spectacle, le gouvernement de la République ose-t-il donc ne point bouger, ne point dire mot, ne point agir ? Non, il ne bouge pas ! Non, il ne dit pas mot ! Non, il n'agit pas ! Il laisse faire et *veut* laisser faire.

Or, savez-vous pourquoi ? — C'est parce que le chef du gouvernement de la République est lui-même RÉVOLUTIONNAIRE ; c'est parce qu'« *il est*, suivant ses propres paroles, *du parti de la révolution tant en France qu'en Europe, et qu'il n'en sortira jamais... le pouvoir fût-il même aux radicaux.* »

Certes, que M. Thiers favorise encore le radicalisme, et il ne tardera guère à réaliser la prédiction — faite un jour par lui — que le gouvernement de la République tourne au *sang* et à *l'imbécillité* : il tournerait peut-être à l'imbécillité, sous lui ; à coup sûr il tournerait au sang, sous son héritier présomptif, le sire de Gambetta.

M. THIERS

AUTEUR DE LA PRÉSENTE CRISE RÉVOLUTIONNAIRE.

Blois, le 4 juillet 1872.

« La France est à l'état révolutionnaire ! »

Ces paroles, c'est M. Thiers qui les a prononcées, il y a quelques jours à peine, au sein de l'Assemblée nationale, devant la France qui en frémissait de crainte, devant l'Europe qui saura s'en souvenir.

Et ces paroles, si imprudentes en sa bouche, il les invoquait à son appui ; il semblait vouloir s'appuyer fièrement sur elles pour se montrer seul apte à en conjurer les menaces, seul capable d'en arrêter les terribles effets, seul de force à en empêcher l'entière et complète réalisation...

Oui, ce n'est malheureusement que trop vrai, oui, la France est à l'état révolutionnaire ! Mais à qui donc la faute ?

Ç'a été d'abord la faute à l'opposition du temps

de l'Empire, à l'opposition ouvertement irréconciliable avec les Gambetta, Bancel et Cie, aussi bien qu'à l'opposition secrètement irréconciliable avec M. Thiers et toute sa suite ;

C'est aujourd'hui la faute à M. Thiers seul...

Pourquoi est-ce sa faute, me demande-t-on ? Eh bien ! c'est sa faute, parce qu'au lieu de faire cesser cet état révolutionnaire, il l'entretient ; c'est sa faute, parce qu'au lieu d'avoir eu de l'énergie, le jour du 18 Mars, il a eu de la mollesse et de la peur ; c'est sa faute, parce qu'au lieu de multiplier de suite et d'accélérer les conseils de guerre, il les a établis lentement et en trop petit nombre ; c'est sa faute, parce qu'au lieu de soutenir les conservateurs, il prête secours aux radicaux ; c'est sa faute, parce qu'au lieu de purger maints départements de leurs préfets et secrétaires généraux, plus que suspects de radicalisme, il les comble de ses amitiés, grâces et faveurs ; c'est sa faute, parce qu'au lieu de diriger la police contre les communards et autres fauteurs de trouble, il la lance contre les Impérialistes, ces défenseurs jurés de l'ordre et de la paix ; c'est sa faute, parce qu'au lieu d'élever toutes discussions à une haute impartialité, il les fait descendre jusqu'aux personnalités les plus blessantes ;

c'est sa faute, parce qu'au lieu de donner à tous l'exemple du patriotisme, il préfère — au mépris des plus chers intérêts de la France — se procurer une vaine et misérable satisfaction, la satisfaction de la haine...

Il préfère, je dis bien, il préfère à l'intérêt sacré du pays son propre contentement et son bon plaisir à lui.

En voulez-vous une preuve, mais une preuve actuelle, saisissante, incontestable? La voici :

Il y a deux jours, M. Baragnon demandait à l'Assemblée qu'elle voulût bien discuter parallèlement l'impôt des matières premières et l'impôt sur les ventes. Ce procédé de discussion, assez ingénieux pour éviter toutes surprises et pour juger par comparaison immédiate de la sûreté et de la quotité du rendement des deux impôts, pourrait jeter peut-être au milieu du débat quelques fâcheuses complications. M. Rouher le comprend et prie le gouvernement de faire imprimer et distribuer tous les documents qu'il peut avoir sur l'impôt des matières premières.

Rien de plus juste, n'est-ce pas, rien de plus simple et de plus naturel que cette proposition de M. Rouher?

Mais — malgré tout — elle déplait à M. Thiers,

elle le révolte, elle le met hors de lui-même... c'est-à-dire hors de son bon sens.

Le voilà donc qui monte à la tribune : là, il se jette à corps perdu dans la politique et se plaint en termes amers de ce que M. Rouher lui-même aurait créé les embarras financiers où se trouve le pays, en lui liant les mains par les traités de 1860.

A ces mots, comme à un signal, les bêtes fauves de la gauche bondissent toutes, grincent des dents, roulent les yeux de rage, montrent les griffes, hurlent, tempêtent, vomissent et revomissent les injures, les insultes, les outrages. C'était quelque chose d'infernal, quelque chose d'épouvantablement machiavélique. Parmi ces bêtes fauves, dont les noms sont voués à l'indignation de la France ,on voyait les Tolain, les Laurent-Pichat, les Lasserve, les Duprat, les Littré (!), on voyait surtout les Gambetta et les Jules Favre.

C'est en vain que M. Rouher veut répondre : les cris et les clameurs couvrent sa voix, on lui fait voir le poing, on le hue, on le tutoie comme un voyou.

Qu'importe qu'il soit représentant du peuple ! Qu'importe qu'il n'ait parlé que de choses purement économiques où, certes ! il est compétent ! Qu'importe qu'il ait été le promoteur et le signataire des traités de commerce qu'on attaque ! Qu'importe tout cela ! Il s'appelle ROUHER, et c'en est assez pour être bafoué en face du pays par la crême des ignares, des sots et des gueux...

Pendant vingt minutes il essaye de parler, de se défendre au moins contre l'injuste et méchante attaque de M. Thiers ; pendant vingt minutes il est assailli, apostrophé, interrompu.

Et lorsqu'il descend de la tribune après avoir revendiqué la responsabilité de ces traités de commerce qui ont fait monter en dix ans le chiffre des importations et exportations à près de 50 *milliards*, c'est pour entendre — au récit du traité avec l'Allemagne — ce cri d'une suprême injustice : « ***Ecoutez M. Rouher*** ! »

Cette séance-là a donc été une séance d'infamie et d'horreur : c'est à M. Thiers qu'on la doit, car c'est lui qui d'une lutte qui aurait dû être calme a fait une lutte violente et terrible.

Le pays appréciera cet acte qui a produit la violation la plus odieuse de la liberté de discussion.

Mais vous, M. Thiers, continuez ainsi, continuez à surexciter les mauvaises passions, continuez à faire naitre de semblables désordres, et vous verrez sans doute la France se maintenir en « état révolutionnaire » ; vous qui êtes du parti de la révolution, cette perspective doit vous agréer et vous ravir...

Quant à nous autres, sachons-le bien : il n'est que temps, pour sortir de cet affreux état révolutionnaire qui nous mine et nous tue, oui, il n'est que temps et grand temps de recourir enfin à l'appel au peuple.

PAUVRE M. THIERS !

Blois, le 13 Juillet 1872.

Pauvre M. Thiers !

Jamais, je pense, il n'avait encore donné — comme à la séance du 10 juillet — toute la mesure de ses grandeurs et surtout de ses petitesses. S'il grandit en talent, car c'est grandir que de garder jusqu'à son âge la plénitude de ses forces intellectuelles, par contre à quel degré d'abaissement moral a-t-il pu descendre, est-il tombé !

Pauvre M. Thiers !

Il n'a plus ni réserve ni retenue : il se laisse aller à la passion, il se livre à la colère, il s'abandonne à la fougue de son tempérament. Qu'importe que la discussion ait lieu sur la matière la plus sèche, il saura bien — lui — mettre les pieds sur un terrain brûlant et se tourner vers la politique ! Ah ! la politique est une sirène d'un tel charme, d'une telle séduction, qu'elle l'entraîne toujours... même quand à tout prix il ne le faudrait pas. Par là il irrite ou soulève l'Assemblée qui a tant besoin — pour faire les lois — de calme et de sang-froid ; il ne l'ignore pas, et s'il le fait, soyez sûrs que c'est uniquement pour lui troubler l'esprit et pour lui arracher alors le vote de certains impôts.

Pauvre M. Thiers !

De par la constitution Rivet, il lui est interdit sinon de parler, du moins de se prodiguer en paroles. Mais le moindre de ses soucis, c'est d'obéir... Et cette malheureuse constitution n'existe réellement plus, réduite qu'elle est en mille morceaux par ses propres mains. A ce jeu-là, il perd sa dignité, car il abuse de sa position pour faire triompher ses fantaisies ; il y fait perdre même la dignité de l'Assemblée, qu'il force à voter comme il veut.

Pauvre M. Thiers !

Le voilà qui achève de blesser la majorité de l'Assemblée et qui lui dit : « Si vous votez tel impôt, vous vous exposez à une impopularité désolante. » Et la gauche d'applaudir tout entière, cette gauche composée de *fous furieux* sur lesquels s'appuie maintenant M. Thiers... Parbleu !

Ne seraient-ils pas satisfaits de M. le président de la République, et M. le président ne serait-il pas satisfait d'eux ?

Pauvre M. Thiers !

Il fut le chef de l'orléanisme, et ce ne pouvait être autrement : celui qui devait tout ou presque tout au roi Louis-Philippe n'était-il point obligé par les liens de la reconnaissance à vouer, à consacrer dès lors à la cause des fils de ce roi son énergie et son talent ? Mais la reconnaissance s'est envolée de son cœur... faut-il dire que de cette reconnaissance il ne reste pas même un souvenir qui l'empêche de s'écrier devant les princes d'Orléans : « Les Révolutions ont laissé dans notre pays plus de princes qu'il n'y a presque de directeurs et de contrôleurs des contributions indirectes... » A défaut du respect, il n'a pas eu la pitié !

Pauvre M. Thiers !

Il n'a même plus ce que j'appellerai la pudeur du patriotisme. Non, il ne lui coûte pas de lancer une parole aussi compromettante pour lui, chef de gouvernement, qu'injurieuse pour le pays ; sans hésiter, il nous jette ceci : « Je pourrais vous dire, après tout, que je ne puis pas gouverner un pays où mes convictions ne sont point partagées : je ne vous le dis pas! » Effectivement, le pays ne partage pas et ne saurait partager les convictions de M. Thiers. M. Thiers est protectionniste : le pays veut le maintien du libre-échange qui l'a rendu riche et prospère ; M. Thiers tend par tous les efforts à soutenir la République née du 4 Septembre : le pays demande qu'on le consulte et réclame un appel au peuple. De quel côté se trouve le bon sens ? Où est la justice et le bon droit? En vérité, c'est trop présomptueux de la part de M. Thiers, que de mettre ses convictions en face des convictions de tout un peuple!... C'est aussi de sa part trop injurieux que de menacer toujours la France de sa démission ! S'il ne la donne pas, serait-ce par pitié pour elle ? En tout cas, cette pitié est une insulte à la Nation.

Pauvre M. Thiers ! Pauvre M. Thiers !

M. THIERS SOUVERAIN SEIGNEUR.

Blois, le 25 juin 1872.

Il y a dans la *Vie Parisienne* du dimanche 23 juin une jolie petite définition de M. Thiers. La voici :

« Qu'est-ce que M. Thiers ? M. Thiers est un petit homme très-âgé, infiniment rageur, créateur de la République provisoire, *le souverain seigneur de toutes choses.* »

De cette légère définition je ne veux prendre que les derniers mots, parce qu'ils sont parfaitement vrais et qu'ils mettent en vive saillie le fond même du caractère de M. notre président.

Oui, M. Thiers est le *souverain seigneur de toutes choses*, et il prétend l'être le plus longtemps possible. Le pouvoir, c'est son élément à lui, tout comme l'eau est celui du poisson ; il s'y est plu et complu, il s'y plaît et complaît, il s'y plaira et complaira : son passé et son présent nous garantissent de son reste d'avenir.

Dans toute sa vie, et elle est longue, il n'y a peut-être pas un seul acte qui ne soit empreint de despotisme, une seule idée qui ne soit absolument exclusive. Il possède vraiment l'esprit de domination... ou plutôt c'est l'esprit de domination qui le possède tout entier. La contradiction, il ne saurait la souffrir, ni petite ni grande : parle-t-il? tout le monde doit se taire ; commande-t-il? chacun doit obéir — et cela à l'instant même, de suite, sans murmure. Il ne supporte pas plus — devant l'Assemblée nationale — les exclamations, dénégations et interruptions qu'il ne se prête — chez lui — aux remontrances les plus sages et les plus respectueuses. Il veut que le triomphe en toutes choses soit toujours à toutes ses idées : son avis doit prévaloir en affaires politiques, financières, commerciales, industrielles, militaires, administratives, etc., etc. : Mais se croit-il donc un génie universel?

Aujourd'hui, sa grande préoccupation, sa grande volonté, c'est de fonder en France la République. Il croit qu'elle seule peut sauver le pays, le relever et lui rendre sa grandeur première ; il le croit, sa croyance lui suffit... que lui importe celle des autres, fussent-ils la majorité ! Eh ! ne pense-t-il pas savoir mieux que le peuple lui-même quels sont ses intérêts, quels sont ses besoins ? Sa volonté n'est-elle point préférable à la volonté de la nation ?

On veut des fonctionnaires monarchistes : M. Thiers donne des fonctionnaires républicains ou radicaux ; il faut des députés amis de l'ordre : il patronne les candidats rouges et les émeutiers ; on désire des ministres capables et sensés : il choisit le peu capable Victor Lefranc ou le peu sensé Jules Simon-Suisse.

Il espère de cette sorte républicaniser la France ; il a l'intime persuasion, la certitude que tous ces bons républicains qu'il sème à foison vont façonner enfin le pays à leur propre image.

En vérité, cette complaisance nous fait trop d'honneur... M. Thiers nous comble ! Pour peu qu'il continue ainsi, nous n'aurons plus — je le crains — assez de remerciements à lui faire, assez de reconnaissance à lui montrer, assez d'amour à déposer à ses pieds...

Déjà même ne voilà-t-il pas un coin de la France d'où s'élève vers lui le suave encens de la gratitude ? Voyez cette élite de citoyens, entendez leur toast qui contient à la fois « l'affirmation de *leurs principes* » et la « manifestation de leurs sympathies » :

A la République !

A son illustre Président !

Applaudissez, citoyens républicains, applaudissez le chœur des Jules Favre, Ricard, Denfert et Cie ; applaudissez encore le chœur des Gambetta, Naquet, Ranc et Spuller...

Applaudissez : la République est faite !...

....

Mais la *France* est-elle refaite ?...

FIN DU PACTE DE BORDEAUX.

Blois, le 16 juillet 1872.

Le 17 février 1871, l'Assemblée nationale promulguait un décret par lequel, considérant qu'il fallait pourvoir au plus tôt aux nécessités du gouvernement et à la conduite des négociations avec la Prusse — *jusqu'à l'époque où il serait statué sur les* INSTITUTIONS *de la France* — elle nommait M. Thiers chef du pouvoir exécutif et président du conseil des ministres.

Vingt jours après ce décret, M. Thiers disait solennellement à l'Assemblée nationale :

Ce que nous devons à TOUS *les partis*, C'EST DE N'EN TROMPER AUCUN, *c'est de ne pas nous conduire de manière à préparer* A VOTRE INSU *une solution* EXCLUSIVE *qui désolerait les autres partis...*

Et alors, levant la main, il faisait ce serment :

Je jure devant le PAYS..., *je jure devant l'*HISTOIRE *de ne tromper* AUCUN DE VOUS, *de ne préparer, sous le rapport des questions* CONSTITUTIVES, *aucune solution* A VOTRE INSU, *et qui serait de ma part une sorte de* TRAHISON !

Puis il affirmait une dernière fois son engagement d'honneur par ces paroles profondément significatives :

Lorsque le pays sera RÉORGANISÉ, *nous viendrons vous dire :* C'EST LE MOMENT DE LUI DONNER SA FORME DÉFINITIVE... *Et je vous en donne la parole d'un* HONNÊTE HOMME, *aucune des questions réservées n'aura été résolue ; aucune solution n'aura été altérée par une* INFIDÉLITÉ *de notre part*

Tout cela, c'est-à-dire le décret de l'Assemblée relatif à la nomination de M. Thiers et le serment de M. Thiers devant l'histoire et le pays : voilà le pacte de Bordeaux...

Ce pacte n'est donc point illusoire. Quoi qu'on en dise, il est vraiment effectif, réel, incontestable : il a une double base, d'abord un décret de l'Assemblée nationale, puis un serment du chef du pouvoir exécutif. N'est-ce pas assez ?

Eh bien ! le pacte de Bordeaux existe-il encore ?

Oui, il existe pour l'Assemblée nationale, qui est demeurée fidèle à son décret.

Non, il n'existe plus pour M. Thiers, qui a trompé le parti monarchique, qui a trahi son serment, qui a violé sa parole d'honnête homme.

C'est ce qui ressort en toute évidence de la séance du 12 juillet ; à cette séance, en effet, M. Thiers n'a-t-il pas osé dire ces paroles :

Vous nous avez donné à GARDER *une forme de gouvernement qu'on appelle la* RÉPUBLIQUE...

Quant à nous, tant que nous serons sous cette forme de gouvernement et que la PROVIDENCE *nous y maintiendra, — je ne sais quelle sera la forme future du gouvernement; — mais* SI JE PUIS QUELQUE CHOSE A CELLE-CI, CE SERA LA RÉPUBLIQUE CONSERVATRICE, OUI, LA RÉPUBLIQUE PROFONDÉMENT CONSERVATRICE...

Ce langage n'a pas besoin de commentaire, il est clair et net.

Toutefois, nous ferons observer deux choses : c'est que la République *conservatrice* de M. Thiers est sœur de la République *radicale* de M. Gambetta ; c'est qu'ensuite M. Thiers s'est exposé, en jetant par sa déclaration républicaine le trouble et l'anxiété dans les esprits, à compromettre le succès de notre emprunt de 3 milliards.

Traitre à sa parole, infidèle à sa mission, M. Thiers nous semble être dès lors indigne du pouvoir.

. . . .

Donc :

L'APPEL AU PEUPLE !

L'APPEL AU PEUPLE !

L'APPEL AU PEUPLE !

EXTRAIT

D'UNE PETITE GAZETTE RIMÉE.

Blois, le 20 juin 1872.

LES ALLIANCES DE LA RÉPUBLIQUE.

I

O France, qui t'eût dit, à l'heure solennelle
Où tu faisais aux Arts la fête la plus belle
Devant une foule de Rois,
Qui t'eût dit que bientôt de tous ces rois ou princes
Pas un seul n'oserait protéger tes provinces,
Lorsque tu serais aux abois !

*
* *

Quel spectacle ce fut de te voir, pauvre France,
Abandonnée au sein même de ta souffrance
Par tous ces lâches alliés !
Ces alliés qu'on vit, aux grands jours de ta gloire,
Grâce à ta noble épée, emporter la victoire,
Loin de toi se sont repliés !

*
* *

Il n'en existe plus : Tous ont fui comme une ombre
A l'aspect de Trochu, devant le règne sombre
Du fou furieux Gambetta !
Ils n'ont pas entendu les cris de Jules Favre :
Car la bande qui fit de la France un cadavre
Dans nuls pensers ne les guetta !

II

Depuis ce temps fatal, aux yeux de la patrie
S'ouvre-t-il donc une Ère un peu moins assombrie,
Un avenir plus souriant ?
Que cette illusion nous donnerait de joie !
Mais le fil qui la tient, mince filet de soie,
Se rompt rien qu'en le maniant...

*
* *

Oui, laissons échapper cet aveu, quoiqu'il blesse :
Nous sommes seuls, hélas ! avec notre faiblesse,
Seuls sans force, seuls sans appui !...
Et l'on ne pense pas, coupable insouciance !
Qu'à notre main débile une forte Alliance
Doit rattacher la main d'autrui !

*
* *

On se moque des rois, on fait fi de leur aide,
On jette dans leur Cour tout ce qui nous obsède :
Les Guyot, Picard et Ferry !

Voilà ce que l'on fait des grandes ambassades !
Et comme on lie à soi des peuples camarades
Qui vous offrent un sûr abri !

*
* *

Ah ! quel gouvernement alerte et magnifique
Agirait donc ainsi... sinon la République,
Oui, la République de Thiers !
Bénissons-la : sans elle eût-on vu toutes choses
Et fleurir et briller cent fois mieux que les roses ?
Bénissons-la ! Soyons-en fiers !

*
* *

On dit pourtant, on dit que les rois de l'Europe
Ont pour la République un œil de misanthrope,
Un cœur digne du noir hibou !
Mais n'ayez peur : le jour, le jour enfin s'approche
Où vous verrez ces rois estimer sans reproche
La République, ce bijou !

*
* *

C'est que sans doute alors Thiers aura fait merveille
Avec sa République étrange, sans pareille,
Pris lanterne pour lampion ;
C'est qu'alors il aura de son beau provisoire
Fait miroiter l'attrait, les splendeurs et la gloire
Jusques aux yeux du Czar-lion...

III

Qui sait si ce n'est pas cette minute même,
Où son œil se clora sous cet éclat suprême,
Qu'attend l'autocrate du Nord,
Pour donner sans retour sa sympathie entière
Au fier pays qui sut de sa tête princière
Ecarter les coups de la mort ?...

*
* *

Mais pour faire oublier sa longue ingratitude,
Qu'il lui faudrait avoir et de sollicitude
Et de soins pieux et d'amour !
Car n'a-t-il point osé, lui, cet infâme Russe,
N'a-t-il point osé boire aux succès de la Prusse
En face de toute sa Cour !...

*
* *

Quelqu'un nous a vengés de sa haine féroce,
Devant sa Cour et lui, par un acte précoce
D'indépendance et de fierté :
C'est son fils héritier ! Seul, fidèle à la France,
Quand le Czar ose boire à la Prusse, il s'élance
Et son vin à lui, c'est jeté !

*
* *

Oh ! plaise à Dieu qu'un jour le grand-duc Alexandre
Sur son front noble et pur puisse à son tour reprendre
La riche couronne des Czars !

Une telle vertu mérite un tel salaire.
Combien de doux motifs cet espoir a de plaire
A nous Français, puis aux Boyards !...

*
* *

On dit—ce n'est qu'un bruit—on dit par notre monde
Que ce prince viendrait dans ce Paris qui gronde
Ainsi qu'un volcan mal éteint...
Non, qu'il ne vienne pas ! de ce séjour peut-être
Il ne profiterait que pour nous reconnaître
Sous notre jour le moins serein...

*
* *

En nous croyant plus grands, il sera plus fidèle
A l'amitié pour nous que son âme recèle :
Réservons-nous un tel appui
. . . .
. . . .
. . . .
. . . .
Or, pour nous relever voici le nécessaire :
Une solide armée, un vote populaire
Et deux alliés comme lui.

FIN.

www.ingramcontent.com/pod-product-compliance
Ingram Content Group UK Ltd.
Pitfield, Milton Keynes, MK11 3LW, UK
UKHW020252250726
13967UKWH00004B/1635